KB142464

여행길에 찻집

여행길에 찻집

글 · 사진   류정호

초판 1쇄 발행   2014년 8월 1일

펴 낸 곳   인문산책
펴 낸 이   허경희

주   소   서울시 은평구 갈현로 4길 5-26, 501호
전화번호   02-383-9790
팩스번호   02-383-9791
전자우편   inmunwalk@naver.com
출판등록   2009년 9월 1일

ISBN 978-89-998259-12-9   03910

값은 뒤표지에 있습니다.

이 도서의 국립중앙도서관 출판예정도서목록(CIP)은
서지정보유통지원시스템 홈페이지(http://seoji.nl.go.kr)와
국가자료공동목록시스템(http://www.nl.go.kr/kolisnet)에서
이용하실 수 있습니다.(CIP제어번호: CIP2014021675)

여행길에 찻집

글 · 사진 류정호

인문산책

차향 따라 여행을 떠난 길 위에서

"우리 어디 가서 차 한잔 할까요."

볼일을 마치고도 헤어지기 아쉬울 때, 입가
심을 하고 싶을 때, 긴한 이야기를 나누어야
할 때, 시간이 남을 때, 그저 수다 한 상 차리
고 싶을 때…. 때로는 혼자만의 생각을 정리해
야 할 때, 쌓아둔 일거리에서 놓여나고 싶을 때, 목안으로 부드럽게 흘러
드는 차가 그리울 때, 여름 장맛비나 쏟아지는 눈을 그림같이 바라보고
싶을 때, 주인의 정갈한 안목을 닮고 싶을 때, 아! 무엇보다 외로울 때, 그
리고 웃고 있어도 눈물이 날 때…. 차 한잔 할 데를 두리번거리게 됩니다.

그런데 눈길을 두는 곳마다 내걸린 것은 커피하우스 간판이지요. 조곤
조곤한 말소리를 담을 수 있고 잠시라도 바쁜 마음을 내려놓으며 물맛 제
대로 느끼는 고즈넉한 찻집은 여간 눈에 띄질 않습니다.

'아름다운 사람, 아인(雅人)'

옥설(玉雪) 같은 미인도 마음씨 좋은 것으로 알아야지 머리와 얼굴 새
단장한 것으로만 보지 말라던 중국의 걸출한 문인 소동파를 말하고 싶습
니다. 왜냐고요? 그는 '좋은 차는 아름다운 사람과 같다(從來佳茗似佳人)'라

는 차에 관한 옥설(玉說)을 남겼기 때문이지요.

스승의 차 한잔으로 삶의 이정표를 돌리고 걸어온 30여 년 차의 길에서 만난 좋은 차는 아름다움에 우아한 기품마저 갖추었습니다. 소동파의 '가인(佳人)' 같은 차를 '아인(雅人)'으로 나름대로 의미를 곁들인 '아름다운 사람, 아인'은 언젠가 문을 열 나의 찻집으로 품은 이름이었습니다.

차는 마음으로 먹고 가슴으로 음미하는 것으로, 물을 가장 물답게 우려 낸 것입니다. 차 한잔에서 오롯한 자연을 느끼는 것은 신의 물방울을 받아들이는 통과의례이며, 갓 태어난 아기의 보송한 살결에 스민 생명의 기운입니다. 검은 하늘을 가르고 돋아오는 푸른 여명에 두 손 모은 어미의 정화수이며, 이슥한 밤길 아비의 손에 들린 한 두름 굴비에 맺힌 이슬방울이었습니다. 때로는 젊은 남녀의 격정을 뭉근하게 도닥이는 사랑의 신이며, 손자에게 건네는 할아버지의 자애이고, 말로 하지 않아도 말이 되는 염화미소(拈華微笑)입니다.

"대관절 차가 뭐길래 그리 쏘댕기는 거요."

남도로 떠날 때마다 으레 듣곤 하던 물음입니다. 골짜기에 피어오르는 안개와 저녁노을이 좋아 입산하는 사람에게 연하벽(煙霞癖)이 있다고 하듯이 이른바 차벽(茶癖)이라고나 할까요. 색이나 향이 강하면 이내 질리지요. 강하지 않기에 멀리서도 끌리는 담담하고 우아한 차향입니다. 이른바 차향은 문향(聞香)입니다. 멀리서 종소리처럼 기울일 수 있는 향인 것이지요. 주섬주섬 바랑을 챙겨 차 따라 길을 나서는 일도 그 은근하고 담담함에 끌려서

가 아닐는지요. 무릇 사람도 그래야 한다고 생각합니다. 그래서 차는 아름다운 사람과 같다는 것입니다.

찻집 가는 길은 사람살이가 녹록히 배어난 길이었습니다. 지난 10년간 강화도에서부터 남쪽 해돋이 곳까지 '아름다운 사람'의 찻집을 찾았습니다. 찻집 순례 길은 사람의 자취가 역사와 예술과 문학 혹은 철학이 되어 물과 만난 길이었습니다.

밥은 반드시 먹어야 하지만 차는 먹지 않아도 됩니다. 그러나 이즈음의 사람에게는 차가 밥과 같아야 한다고 생각합니다. 이른바 소유의 밥이 아니라 치유의 밥인 것이지요. 밥집은 밥만 맛있어도 됩니다. 그렇지만 찻집은 주인의 웅숭 깊은 안목이 있어야 합니다. 주인의 뚝심 있는 안목이 없으면 쉬 문을 닫고 말더군요.

지금 혹시 배는 불러도 마냥 허한 분은 찻집에 가시기를 권합니다. 이왕이면 역사와 예술과 문학 혹은 철학이 있는 풍경과 흔적을 거쳐서 인생의 종착역 같은 찻집에 가시면 어떨까요. 주인의 정갈한 안목으로 차려진 찻잔에서 잃어버린 선한 본성을 찾을지도 모릅니다. 뉘엿 넘어가던 햇살이 비끼는 찻물방울에 눈물방울까지 곁들인다면 시나브로 차의 묘미를 제대로 담은 것일 겁니다.

여행은 돌아오기 위해 떠나는 것입니다. 언저리 길에서 이것저것 둘러보고도 돌아갈 마음에 한 송이 꽃이 피지 않았다면 찻집에 가십시오. 그리고 찻집에서 우주의 본성 깃들인 물에 푹 담갔다 오면 다시 아름다운 내 인생이 될 것입니다. 그것이 여행, 차를 품어야 할 까닭입니다.

나의 찻집 '아름다운 사람'의 모델을 찾아 돌아다녔지만 아직도 구석구석 찾지 못한 수많은 찻집이 있습니다. 그곳에도 아름다운 사람의 발길이 함께 따르기를 염원합니다.

2014년 7월

아인(雅人) 류정호

차례

삼대를 이어가는 찻집

조태연家 죽로다원

竹　露　茶　園

섬진강 따라 아름다운 길로 이어지는, 지리산 칠불사

산하의 핏줄 같은 물길을 30여 년 걸어왔다. 어느 길이든 저마다의 이야기와 빛깔을 품고 있지만, 화개터미널에서 쌍계사를 거쳐 지리산 등성이로 굽이쳐 오르는 길은 아름답다는 말조차 무색하다. 아비 지리산을 먼발치서 흠숭하며 어미인 섬진강을 거슬러 올라 하늘과 사람의 세상 사이를 오가는 화개 동천에 닿는다. 섬진강 젖줄이 듬성한 바위들 사이로 차지게 흘러내리는 둔치에 푸른 차밭이 형형하다. 신선이 살고 하늘

섬진강을 따라가는 한국의 아름다운 길

과 잇닿았다는 수류화개(水流花開) 골짜기에 시선을 앗기다 보면 어느새 산길에 접어든다.

낙원이 아스라해질 무렵 산 어귀에 드러난 사찰의 일주문이 수문장같이 통과의례를 청한다. 현판의 서체가 당당하고 의젓한 지리산 칠불사(七佛寺). 막 들어서려는데 봄눈, 그야말로 춘설(春雪)이 내리기 시작했다. 하늘의 별들이 화르르 쏟아져 내려와 피어나듯 꽃 천지의 봄에 웬 눈인가. 붉은 동백 울타리 너머 까마득한 능선이 삽시간에 범접치 못할 위용의 설산이 되었다. 세상의 때로 너무 찌들어, 씻어야 오를 수 있는 정화설(淨化雪)인가 보다. 입술에 사르르 녹아든 봄눈이 천상의 맛일 성싶다. 별안간 내린 눈에 빛깔 고운 꿩 한 마리도 후드득 날개를 접고 놀란 홍매 뒤로 움츠러들었다.

우리나라 차의 기원설에 한 자리 하는 칠불사 경내는 묵언 수행 중이다. 인도 아유타국의 공주 허황옥과 가락국 수로왕 사이의 일곱 왕자가 외삼촌인 장유보옥선사를 따라 들어와 수도한 지 2년 만에 성불한 곳. 아랫길 쌍계사에 북적이는 상춘객들이 이곳 칠불사의 정적을 깨지 않음에 안도하며 발자국을 뗐다. 목련나무가 파르르 떠는 마당가를, 눈(雪)으로 위장한 하늘 선인들의 수행에 행여 훼방될까 조심조심….

지리산 칠불사에 춘설이 내리던 날

한 마리 꿩이 춘설을 맞고 있다.

지라산 칠불사 아자방

칠불사의 백미는 아자방(亞字房)이다. 신라 효공왕 때 담공선사가 만든 이중 온돌방의 모양이 아자(亞字)와 같아 모양대로 불린다. 늘 앉아만 있고 눕지 않아야 하며, 하루에 한 끼만 먹고, 말하지 않는 것을 지켜야 하는 참선수행의 선방이다. 앉고 싶을 때 앉고, 눕고 싶을 때 누우며, 하루 세 끼가 부족해 넘치듯 먹어대고, 쏟아내는 말로도 모자라 독침 같은 말들이 범람하는 세상을 잠시나마 등지고 아자방을 기웃거리면 수행의 턱에라도 닿으리라. 유리문에 이마를 바짝 갖다 댔다.

비낀 햇살에 풋비늘 동동 뜬 말간 연두. 태초의 향인 듯 순연한 풋내. 인공에 상실된 미각을 들추어내던 원시의 맛. 앳된 청년 시절, 스승의 차 한잔이 돌려놓은 내 삶의 이정표에서 처음 만난 차는 하동 조태연가(家) 의 죽로차였다. 푸른 청춘의 상징인 양했던 순수와 이상은 현실에 부대

지리산 칠불사 아자방 내부

끼었고, 확고한 정체성 찾기 또한 결핍되던 때였다. 그렇게 사는 거야, 선배들의 덕담도 큰 힘이 되지 않았다. 다 그렇게 사는 것이라지만 그렇게 살지 않는 사람도 있지 않은가. 처절한 경쟁 끝에 쌓은 부와 명예만이 행복인가. 행복은 그것만이 아니라고, 자연 속에서 나온 사람이니 섭리를 따르는 행복이 최상의 행복이라는 답을 확인하듯, 학교에서 아이들을 가르치던 시절의 나는 어린 학생들에게 그렇게도 누누이 일렀다. 열다섯, 열여섯 까까머리 학생들은 자연에서 진리를 찾자는, 알 듯 모를 듯한 선생의 말에 고개를 끄덕이며 말간 눈동자를 굴렸다. 세상에 호기심의 안테나를 세우던 학생들에게 던진 수많은 덕담은 차에서 깨달은 명제들이었다.

청춘이 바래갈 때, 선배의 덕담보다 더 큰 위로는 고요한 차 한잔이었다. 투명한 찻물에 햇살 비낀 죽로차 한 잔은 현실의 푸념이 절로 물러나던 원시의 에너지였다. 책상 한 편에 놓인 작은 찻주전자와 찻잔은 지금껏 위안의 동행이자 때로는 광활한 우주를 잇는 다리다. 차 한잔의 여운은 담대한 여유를 불러다주었다. 지금까지 서두르지 않고 담담할 수 있음은 차가 들려주던 경전 이상의 메시지 덕이다. 도타운 온기를 전하던 찻주전자와 찻잔과 또르르 떨어지던 물소리의 고요한 충만은 신앙 이상의 것이었다.

화개터미널

화개동천 아름다운 길

섬진강

섬진강의 멋진 풍광을 바라볼 수 있는 수월정

칠불사에서 아름다운 길로 다시 내려와 화개면으로 발길을 돌렸다.

지리산 운무가 만들어주는 찻집, 죽로다원

칠불사에서 아름다운 길로 다시 내려와 화개면 운수리 755번지 다리를 건넜다. 정결한 한옥 마을을 지나 고샅길 *끄트머리* 담벼락에 '조태연가(家) 죽로차' 차실이 깎은 듯 서 있다.

지리산 어깻죽지에 드리웠던 운무가 죽로차실의 너른 창에 수북하니, 지리산 어느 명당에 온 듯 숨결이 고르다. 조태연가 죽로차의 삼대손 조윤석 씨가 따르는 찻잔에 몸을 기울였다. 젊은 차농(茶農)이 찻잔 벽을 따라 차를 따르는 양이 세례식 장면같이 장엄하다. 조씨의 흐트러짐 없는 차 우리기는 칠불사 선방의 수행 덕목에 얹을 법한 품이다.

조태연가 입구

지리산의 운무는 최상의 차를 만들어주는 기후 조건이다.

　요술방망이로 만들 듯 뚝딱 세웠다가 수지가 안 맞으면 하루아침에 없어지는 시장에 조부모의 혁명을 뚝심으로 이어가는 그는 우리 차의 미래다. 우리나라 차계에 삼대가 이어서 차를 만드는 곳이 또 있던가. 대물림도 그러려니와 면벽좌선으로 차에 정진했던 그는 한국 다맥(茶脈)의 종부라 해도 지나침이 없으리라.

　반세기 이전까지만 해도 차는 스님들 사이에 지탱되었고, '잭살'이라는 몸살감기약 정도로 쓰였다. 차나무를 뽑아낸 자리에 다른 곡식을 심어 궁핍을 면하던 화개동천 마을에 이사 온 김복순·조태연 부부는 한국 녹차의 혁명을 일으켰다. 화개 녹차를 국내 최초의 상품 녹차 '선차'로 세상에 내놓았던 것이다. 그렇게 형성된 차시장이 오늘에 이르렀으니 이른바 차의 혁명가가 아닌가. 차실 벽을 따라 조태연 부부가 손수 들어 올리고 내리던 가마솥과 연두색 차통, 찻그릇들에 우리나라 차의 역사가 오롯하다. 차인들이 흠모하던 석정스님의 서체가 연둣빛 '竹露茶' 차통에 단아하고, 토우 김종희 선생의 잿빛 주전자 봉긋한 부리는 우리나라 다사(茶史)의 귀한 족적들이다.

삶의 이정표를 차로 바꾼 청춘 시절, 화개골 나들이가 잦았다. 당시는 두터운 바닥의 가마솥이 아니라도 큰 솥 하나 척 걸어놓고 거칠게 만든 녹차도 일품이었다. 쓱쓱 가려낸 찻잎을 솥에서 설렁설렁 막 덖어냈다. 두건을 쓰고 긴 토시, 앞치마에 몇 겹의 장갑을 낀 차농이 가마솥 열기에 진땀을 흘리는 지금의 모습이 아니었다. 김복순 할머니는 구공탄 피워놓

가마솥에 차를 덖는 과정

죽로다원 차실

고 수십 번 수백 번 차를 덖어내며 맛을 감지했다. 수없이 공들이던 어느
날, '바로 이 맛'을 찾아낸 할머니는 눈물 글썽이며 행복했단다. 그런 할
머니의 내공은 찻잎을 슬슬 달래가며 좋은 차를 만들 수 있었다. 구증구
포라는 말을 그때부터 들었으나, 아홉 번의 절차는 30년 전 기억에 없다.
어쨌거나 우울했던 도시 청년을 한 번에 사로잡는 우주 시원의 향과 맛이
었다. 김 할머니의 차 한잔은 행복의 지경을 뛰어넘어 혼돈의 청년기를
이겨낼 에너지였다. 그때 그 차를 잊지 못하는 지금까지 여린 풀빛, 초록
의 비린 풋내, 혓바닥에 감쳐드는 조태연가의 은근한 차 맛은 내 찻자리
의 근원이다.

죽로다원을 3대째 이어오고 있는 조윤석 씨

지리산 운무가 수북수북 밀려드는 차실에서 마주한 조윤석 씨의 차는 30여 년 전 그 한 잔의 차를 들추었다. 조부모의 명성을 잇는 부담이나 차 만들기에 대한 고민은 오죽했을까. 각고로 닦은 그의 공덕이 풀빛 찻물에 장엄하고 거룩하다. 선한 미소를 가진 조씨는 자신의 차에서 사람의 행복을 추구한다. "제가 만든 차 한 잔으로 누군가 행복할 수 있다면 더할 수 없이 행복합니다."

차 한 잔에는 차를 만든 사람이 녹아 있다. 찻잔을 보듬은 손바닥에 행복이 도탑게 여겨지면, 그 차는 좋은 차인 게다. 그래서 좋은 차는 아름다운 사람과 같다. 차 한 잔에 행복을 추구하는 아름다운 사람 조윤석 씨. 차 한 잔으로 두루 행복해지는 세상. 그 이유만으로도 '조태연가 죽로차'는 삼대가 아니라, 길이 이어가야 할 세상의 소명이다.

주소 : 경상남도 하동군 화개면 운수리 755-3
전화번호 : 055-883-1743

차인들이 흠모하던 석정스님의 서체가 일품인 연둣빛 '竹露茶' 차통이 유품으로 전해진다.

녹차의 새로운 경지를 보여준 조태연가 죽로차

피안을 꿈꾸는 해돋이 곳의 찻집

비비비당

非 非 非 堂

아득한 수평선에 음영으로 보이는 섬, 오륙도

흑·백, 선·악, 유·무, 좌·우, 상·하, 동·서, 신·구, 빈·부, 진·위…… 대립된 문자만 나열해도 인류의 서사는 이전에도 그랬듯이 문명의 전기를 써내려갈 것이다. 양분된 관념의 언어는 역사의 지표인 양 곳곳에 서 있고, 편을 가른다. 둘로 가르는 삶이 익숙하다 해도 한 번씩 양극으로 치닫는 행태에 진저리 칠 때가 있다. 그래서 이편도 저편도 없는, 하늘도 땅도 물로 가득 찬 망망대해를 찾아 나서곤 한다. 사람들은 당최 동인지 서인지 분간할 수 없는 한 몸의 물에서조차 동해와 서해를 나누지만, 망망한 대양은 그런 줄긋기 따위에 아랑곳없이 하늘과 땅을 한 몸으로 감싼다. 그리고 가까이 다가온 파도로 게으르게 방치되었던 열정을 일깨우고, 잠자듯 고요한 수평선에서 막 건져 올린 물빛 하늘은 꿈 같은 희망을 건넨다. 그러니 바라보고 담는 만큼 숨통이 트이는 바다이다.

어릴 적 해운대 백사장에서 손차양 치고 바라보던 오륙도는 신기루 같은 섬이었다. 아득한 수평선에 음영으로만 남던 섬. 흐린 날은 다섯, 맑은 날은 여섯으로 보인다 해서 오륙도라고 했다. 오도(五島)나 육도(六島)가 아닌 다섯도 되고 여섯도 되는 신비로움은 전설 속 은밀한 이야기가 서려

밀물 때는 다섯 섬, 썰물 때는 여섯 섬으로 보인다는 오륙도는 일본의 신비주의 호기심에 근거한 것이다.

있을 것 같았다. 그런데 가슴 부풀던 유년기의 몽환경도 현실에 다급한
나이가 되어서야 오륙도에 배가 닿고, 사람이 내리고, 종일 낚싯줄을 드
리운다는 것을 알게 되었다. 오륙도를 돌아나는 배는 해운대 미포에서 떠
나는 유람선과 용호동 선착장의 통통배가 있다. 건장한 유람선보다 행여
거센 파도에 뒤집힐까 긴장감마저 실어주는 고깃배가 호기심 많은 이에
게 걸맞은 뱃길 수단이다. 더구나 작은 어선은 등대섬에 사람을 부리기까
지 하니 뱃전을 따르는 세찬 물살이 살갑기만 했다.

　오륙도의 어원이 날씨에서 온 것이 아닌, 조수간만에 따라 밀물 때는
다섯 섬, 썰물 때는 여섯 섬이 되는 데서 나온 것이라는 선장의 주장이다.
그는 확신의 근거로 오륙도 방패섬과 솔섬의 깊은 골짜기를 가리켰다. 그
런데 최근 사학계의 한 논문에서는 "1740년 간행된 〈동래부지東萊府誌〉에

동쪽에서 보면 여섯 봉우리, 서쪽에서 보면 다섯 봉우리를 보이게 하는 방패섬과 솔섬

'오륙도가 영도 동쪽에 있고 봉우리가 기이하고 바다 위에 나란히 섰는데, 동쪽에서 보면 여섯 봉우리가 되고 서쪽에서 보면 다섯 봉우리가 돼 그리 이름했다'고 기록되어 있다"고 밝혔다. 더불어 "조수간만에 따른 오륙도 기록은 일본의 〈초량화집草梁話集〉에 나와 있는데, 이는 조선을 침략하기 위한 일본의 신비주의적 호기심에 근거한 것"이라고 지적했다. 일제강점기의 왜곡이 여기서도 예외가 아니었다.

한편 오륙도는 우리나라 남해와 동해를 나누는 기점이기도 하다. 눈꼬리 짓무른 강아지와 실금살금 눈치 보는 고양이가 홀로 지키는 등대섬에 오르니 대양은 환한 물빛으로 엎디어 있었다. 설왕설래한 어원의 오륙도나 동과 남으로 줄긋기 된 부산 앞바다는 사람들의 작위에 아랑곳없이 그 자리에서 묵묵하다.

아니고 아니며 그조차도 아닌 집, 비비비당

비비비당(非非非堂)은 해운대 먼 바다와 한 몸을 이루는 해돋이 곳의 찻집이다. 미물이 채 깨어나지 않은 이른 새벽에 장엄한 일출을 가장 먼저 맞이하는, 세상의 아침에 선 찻집이다. 주인장 류효향 씨는 부산 해운대 달맞이 고개의 '해 뜨는 집' 가장 높은 층에 '비비비당'을 열었다.

'비비비당', '아니고(非) 아니며(非) 그 조차도 아닌(非) 집'이라니. 단박에 이해되지 않는 이름이다. 그것은 불교적 세계관에서 따온 이상향이다. 불교에서는 생명을 가진 존재가 머무는 세계를 욕계(欲界), 색계(色界), 무색계(無色界)의 삼계(三界)라고 한다. 그 가운데 가장 높은 하늘을 비상비비상천

비비비당 찻집 입구

(非想非非想天)이라고 하는데, 비상(非想)은 생각이 없는 것을 말하고 비비상(非非想)은 그런 비상 곧 '생각이 없음'도 없는 상태이다. 즉 '생각이 없는 곳, 그리고 나아가서 생각이 없다는 생각도 없는' 비상비비상천은 생로병사의 고해와 인간의 번뇌에서 가능한 한 많이 떨어진 상태로 존재하는 곳이라고 생각하면 된다.

대청마루 차실

통유리창가에서는 바다가 보이는 풍경을 느낄 수 있다.

그런 것에서 완전히 벗어난 상태가 불교에서 궁극적으로 추구하는 열반의 상태이다. 번뇌를 완전히 떠난 것은 아니지만 욕망과 물질을 초월하고 나름대로의 청정한 세계를 추구하고자 하는 꿈으로 비비비당이 문을 연 것이다.

한갓 찻집에서 자신의 애욕과 번뇌를 떠난 초월을 꿈꿀 수 있을까. 그런데 비비비당은 한갓된 찻집이 아니었다. 비비비당에서는 생명 에너지의 원형인 해와 달을 가장 먼저 만나고, 하늘 아래 생명의 모성인 바다를 품는 곳이다. 더구나 바다 가득한 창가에서 생명의 감로수인 차를 또르륵 따르는 소리까지 덤으로 두니 도사렸던 번뇌는 시나브로 사그라진다. 그러니 피안을 꿈꾸게 하는 찻집이 아닌가.

차를 마시는 일은 생명수를 담는 일이다.
태어나기 전 이미 어미의 몸 속 물에 잠겨서
생명을 키운 사람은 인수불리(人水不離)인 삶
의 궤적에 있다. 어미의 모성으로 부푼 바다
나 강을 마주한 찻집의 차는 그래서 더욱 각
별하다.

각별한 찻집 비비비당은 세상에서 가장
아름답고 화려한 색채를 드리운 일출 직전
의 하늘과 바다를, 그리고 해질녘 돌아오는
고깃배에 길을 열어주는 등대의 깜박이는
불빛, 멀리 오징어배의 자잘한 등까지 한 품
에 끌어안는 너른 창부터 먼 데서라도 찾아
와야 할 까닭이 구석구석 살아 있는 이상형
의 찻집이다.

앤티크 손잡이가 멋스러운 다락으로 오르는 계단

'해 뜨는 집' 건물 4층에 오르면 엄숙한
대문과 정갈한 초입이 삿된 마음은 벗어두고 옷깃을 제대로 여미게 했다.
대문 안에는 또 하나의 대가(大家)가 있다. 안채로 이르는 길이 있고, 마당
같은 홀을 사이에 두고 사랑방 차실, 주인장의 차 모임 전용 차실, 둥근
벽을 따른 대청마루 차실, 댓돌을 딛고 들어서는 적실과 청실, 그리고 정
교한 앤티크 손잡이를 잡고 오른 다락방 별실들에 짜임새를 갖춘 한옥의
건축미가 돋보인다. 특히 다락 차실은 천장이 낮은 차실로 나무판, 천 한
폭 깔아놓아도 차실이 될 수 있음을 보여주고 있다.

다락 차실

다락 차실의 문을 통해 바라본 1층 차실

백, 흑, 적, 청, 황으로 오감을 깨우는 색과 장치는 찻집의 격조를 높여주고 있다.

주인장은 우리 땅에서 나는 차만을 차림표로 내놓았다.

　색감 또한 탁월하다. 벽과 문종이의 백(白), 문과 문살, 기둥, 서까래, 보, 찻장에 옻칠 된 흑(黑), 적(赤)과 청(靑)의 탁자 보와 방석, 누런(黃) 구리 찻주전자까지 우주의 오감을 깨우는 색과 장치는 격조의 극치를 이루었다.

　모름지기 찻집은 주인이다. 단아한 기품이 서린 주인장 류씨는 특히 붙박이장을 이용해 군더더기 없는 공간을 마련한 주거 형태의 본보기를 차세대에게 보여주며 선조들의 지혜를 느끼게 했다. 그리고 커피나 흔한 보이차를 볼 수 없는 메뉴에는 우리 땅에서 나는 차만을 차림표로 갖춘 주인장의 철학이 고스란하다. 지리산 녹차와 황차, 깊은 산골에서 찾아낸 으름덩굴차부터 제주도 조릿대차 등의 야생초 차와 귀한 손님에게 한땀 한땀 수놓듯 정성으로 대접하는 다식과 떡에 배인 류씨의 정갈한 근성은 하루아침에 생겨난 것이 아니리라. 스승의 가르침이 푹 배어든 10년 세월의 가지치기다.

비비비당이 예사롭지 않다 했더니 역시 그의 스승 강수길 선생의 안목을 물려받은 것이다. 강수길 선생은 근래 회자되는 '북커남차(북쪽은 커피, 남쪽은 차: 서울엔 커피 전문점이 늘고 부산엔 차 애호가가 늘고 있다는 조어)'의 주인공이라 해도 결코 지나침이 없는 우리나라 차계의 거성이다. '차는 혁명이다'라는 혁명적인 발언으로 주목 받았는데, 차는 단지 차 한 잔의 색·향·미에 그치지 않고 의식주 생활 전반의 변모를 도모하고 진화하게 하는 핵심 매개체라는 것이다. 그가 해운대에 둥지를 틀고 차 한 잔의 혁명을 세우는 것은 삶의 피안을 현실 세계로 불러오고자 함이 아닐까. 그 현실의 세계에 비비비당이 우뚝 선 것이다.

아무리 괜찮다고 소문난 찻집도 우후죽순 생기는 커피하우스에 대항하지 못하는 즈음이다. 그런 중에 해운대 너른 바다를 한 품에 안는 언덕에 서서 바다와 떠오르는 해와 달과 일체를 이루는 찻집 '비비비당'. 그는 미래를 이끌어갈 견고한 찻집이리라. 사람이 태어나서 죽을 때까지 따르는 숱한 길에는 특별한 의미를 지닌 장소와 순간들이 있게 마련이다. 울림이 되던 순간의 풍경은 언제고 다시 길을 떠나게 만든다. 자신을 되찾기 위한 여행으로 말이다. 그들에게 저 아래 남쪽 땅, 부산의 해돋이 곳의 찻집 비비비당을 찾아가라 당부한다. 결코 찾을 수 없으리라 여겼던 피안의 세계가 자신에게 있음을 발견할 찻집이다.

주소 : 부산시 해운대구 중동 1533-9 4층
전화번호 : 051-746-0705

차 한 잔의 혁명을 세우는 것은 삶의 피안을 현실 세계로 불러오고자 함이 아닐까.

비비비당 차림표

차 : 녹차(우전), 녹차(세작), 황차, 말차, 청태전, 부풍향차

봄에 나는 차 : 백초차, 가시오갈피, 매화차, 으름덩굴차, 민들레차, 보리순차, 쑥차

여름에 나는 차 : 인동꽃차, 구지뽕잎차, 뽕잎차, 연잎차, 돌감잎차

가을에 나는 차 : 국화차, 구기자차, 하수오차, 겨우살이차, 도라지차, 생강나무꽃차, 다래순차, 청미래덩굴차, 우엉차, 조릿대차, 산물진피차

다식 : 유과, 강정, 양갱, 주악, 송화다식, 흑임자다식, 수삼말이다식, 곶감말이다식

떡 : 보리떡, 쑥찹쌀떡

계절 메뉴 : 대추죽, 단팥죽, 단호박 빙수, 단호박 식혜

이태준의 문학이 살아 숨 쉬는 찻집

수연산방
壽 硯 山 房

오래된 미래, 성북동

갈증이 났다.

먼 산 아래 강은 느리고, 손에 닿을 듯 가까운 산을 에우는 구름이 몽환
경이다. 수십 점의 그림을 하나씩 지날 때마다 몸 안의 물이 점점 말라갔
다. 저토록 세밀한 풍광이 이룬 여백의 극치는 대체 어디서 나오는 걸까.
한낱 먹물의 농담(濃淡)일진데, 단순히 물의 양에 머물지 않는 그림이었다.
붓 끝에 노니는 물의 유희가 어떠할진데, 저렇듯 머문 듯 살아 있을 수
있는가.

잘 그린 그림에만 그치지 않았다. 먹물의 어울림이 가슴팍만한 종이 한
장에 광대한 우주를 풀어낸 것이다. 몸 안의 물로 먹을 갈고 붓을 적셨는
지 물을 품을 줄 알고, 품은 물을 희롱한 그들이었다. 그러니 그들의 수류
화개(水流花開) 화폭에 보는 이마저 수분을 앗길 수밖에….

세한도(歲寒圖).

여기저기 찻집을 순례하면서 추사 김정희의 '세한도'를 찻집 조감도의
원형이라고 생각했다. 늘 푸른 소나무와 잣나무 사이에 작은 집채가 덩그

추사 김정희의 '세한도'

렇게 선 '세한도'를 '실경산수로 보
면 0점짜리'라는 혹자의 평도 있다.
그렇지만 구도나 묘사보다 그림과
글씨가 내용과 일체를 이룬, 사의(寫
意)의 세계를 고담하게 나타낸 그림
이라는 점에서 추사 예술의 극치로
꼽는다.

그런데 여기서는 걸작이 품은 사
의를 차치하고 이 그림에 펼쳐진 싱

중국의 장경이 그린 '소림모옥'

겁기 짝이 없을 만큼 단순함에 눈길을 두고 싶다. 여백과 간결미를 찻집의
우선 조건으로 볼 때, '세한도'의 덩그런 집채야말로 그 모티프가 아닐까.

마침 '세한도'의 롤 모델이었던 중국 청대 화가 장경(張庚)의 '소림모옥
(疏林茅屋)'을 간송미술관 '명청시대 회화전'에서 만날 수 있었다. 헌걸찬
바위 더미가 물을 막아 마련한 터에 키 낮은 상록수와 대숲이 울타리를

간송미술관 입구

쳤다. 헐벗은 고목 서너 그루는 수문장처럼 들어섰고, 그 뒤로 띠집 한 채가 단정하다. 언제까지고 물을 막아줄 바위 너머 수평선은 끝이 없는데 군데군데 듬성한 갈대숲으로 광활한 늪지를 연상하게 하는 그림이다. 추사는 장경의 이 그림이 실린 화첩을 보물처럼 아끼며 평생 끼고 살았다고 한다. 그러니 성긴 숲속의 띠집인 '소림모옥'을 보고 또 보고 마음에 담았으리라. 시나브로 이 그림에서 떠오른 영감은 종내 추사 예술의 극치미를 이루어낸 것이다.

공책 한 바닥만한 작은 종이에 한 땀씩 수놓은 듯 극세필의 묘미다. 뚫어지게 보는 일도 몸 안의 물을 한땀 한땀 찍어내듯 했다. 인파에 자리를 내주고 나온 뜰에는 가을이 내리고 있다. 담쟁이가 2층 벽을 타고 창 안을 기웃거리는 간송미술관은 오래된 미래의 보물이다. 관람객은 줄을 잇고,

성북동 가는 길에 만나는 길상사 전경

조롱조롱 익어가는 감나무 아래 간송 전형필은 담담한 미소로 일관했다.
그림에 몰두했던 눈자위가 말랐다. 페트병 샘물만으로는 달랠 수 없는 깊
은 갈증이 일었다. 그래, 천천한 걸음에 그림자 같은 여운을 끌고 찻집에
가자. 이왕이면 솔바람 이는 찻집이 좋겠다. 가까이 수연산방이 있지 않
던가.

성북동 가는 길에 만나는 오래된 풍경들

한옥의 멋이 찻집의 정취를 더하고 있다.

오래된 문향을 풍기는 찻집, 수연산방

수연산방(壽硯山房: 산속에 문인들이 모이는 집)

일각대문 입새에 단아한 소나무가 반기고, 대문 안뜰에도 소나무가 의연하니 솔바람 이는 찻집이다. 그런데 솔바람을 제대로 느낄 수 있을까 싶게 손님이 밀려들었다. 서울특별시 성북구의 대표적인 명소에다 서울시 민속자료 제11호 지정, 상허(尙虛) 이태준의 고택, 문학카페 구인회, 풍수 좋은 명당 등의 이름들이 당호에 앞서니 차 한잔 느긋하게 맛볼 수나 있을까. 빈자리를 기다려야 할 찻집이 또 있던가. 그동안 다녀온 찻집을 쭉 돌이켰으나 이곳만큼 북적이는 데가 없었다. 찻집에서 누릴 수 있는 느긋한 자유와 쓸쓸한 낭만, 질리지 않는 수다가 오롯할까 은근 염려되었다.

그러나 시간만 잘 맞추면 서남향의 한옥에서 선선한 여유와 정취를 누

수연산방 본채

수연산방 구인회 카페 마당

구인회 카페로 사용된 양식 가옥

수연산방 본채 누마루 차실

릴 수 있다. 대문과 마주하는 장독대 왼편으로 오두막과 옥외 테이블, 1930년대 결성된 문학 친목단체인 구인회 카페 등의 양식 가옥이 있고, 오른편으로는 팔작지붕의 ㄱ자형 구조인 한옥 본채가 있다. 이 집의 압권은 누마루 딸린 본채다. 가운데 대청, 남쪽에는 한 칸의 안방, 대청과 건넌방 앞에 툇마루, 그리고 누마루까지 이름도 옛 향기 배어든 문향루(聞香樓)이다.

그런데 한옥의 고졸한 아름다움을 능가한, 이곳 특유의 매력은 우리나라 근대문학이 배어든 문향(文香)에 있다. 상허 이태준은 조선 문단에서 '시(詩)에 지용, 문(文)에 태준'이라 일컫던 1930년대 대표 작가로, 특히 단편소설의 완성도가 높다 하여 '한국의 모파상'이라 불린다. 그는 "오래 살고 싶다. 좋은 글을 써보려면 공부도 공부려니와 오래 살아야 될 것 같다"며 천명을 아는 쉰부터 예순, 일흔까지 살면서 좋은 글을 쓰고 싶다는 구절을 수필에 남겼다. 그렇게 수연산방(壽硯山房)을 목숨 '수(壽)'에, 글 쓰는 천직에다 부친이 연적을 유품으로 남겼음으로 벼루 '연(硯)'을 붙인 당호로 삼고 1933년부터 30년 간 살았다. 그의 고택 '수연산방'을 외종손녀가 1999년에 찻집 '수연산방'으로 문을 연 후 으뜸가는 전통찻집이 되었다.

수연산방 문향루 마루

근대 문학과 한옥의 멋을 내세웠다고 해도 찻집의 실속은 차 맛이 아닌가. 글쎄, 이 집 차 맛도 화려한 외양에 뒤지지 않는다. 청정 녹차인 춘설차부터 말차, 대만 우롱차, 대홍포 등의 중국 발효차, 오미자차, 대추차, 인삼마차, 생강차, 국화차, 매실차, 모과차, 단호박범벅, 단호박빙수, 심지어 수연산방 커피까지 손님의 다양한 기호에 맞춘 차 차림이 담백한 맛에다 양까지 푸짐하니 문턱이 닳을 법도 하다.

우물가 마당에 차를 나르는 종업원 발걸음이 재고, 카메라를 들이대며 서성이는 손님은 빈자리를 기다리는 시간이 초조하지 않았다. 다객(茶客)은 '빨리빨리'를 까무룩 잊고 차에 빠져든다. '빨리빨리' 덕으로 고속성장의 신화를 이루었지만, 한숨 쉬고 나면 간결하고 여백 있는 삶으로 돌아

처마의 풍경

가고픈 한국 사람의 밑바닥 정서가 아닌가.

찻집은 우리 마음바닥이 갈구하는 자리다. 찻집은 색·향·미가 온전한 차는 물론, 자연스런 여백을 토대로 하고 간결한 기둥을 세운 후 세련된 안목을 배치해야 한다. 그제야 길게 안착할 수 있고, 차 한잔의 고유한 본성이 살아난다. 색·향·미와 치유력은 차의 본성이다. 사람들은 차 한잔에서 자신에게 숨은 빈자리를 찾곤 한다. 치유의 힘은 거기서 시작하는 것이다. 찻집에 여백이 없고, 볼거리만 쌓여 있다면 차 한잔은 기호를 따른 마실거리에 불과하다. 그런 점에서 수연산방은 여백을 아우르는 간결성에서는 아쉬운 자락이 보인다. 너무 많은 것으로 채워졌다. 가짓수 많은 차림표와 한옥 안팎에 들어찬 소품들은 차 한잔이 자칫 요기에 그치고 말 것 같다. 그래도 수연산방은 오래된 문향에 머물고 마실 수 있는 현장이다. 스윽 한 번 둘러보고 지나는 박물관으로 남았더라면 여느 유적지처럼 쓸쓸한 자취에 그쳤을 것이다. 이태준의 문학과 그의 흔적이 살아 숨 쉬는 한옥의 향기를 덤으로 띄운 찻집 수연산방은 그래서 고맙다.

주소 : 서울시 성북구 성북동 248
전화번호 : 02-764-1736

수연산방 차림표

차 : 춘설녹차, 보이차, 철관음차, 유자차, 쌍화차, 모과차, 매실차, 오미자차, 대추차, 커피

참살이 여름 음료 : 춘설 냉녹차, 단호박 아이스크림, 복숭아 아이스티, 아이스커피, 유자에이드, 단호박 빙수, 12곡 미숫가루 냉차, 배숙 에이드, 생강레몬 에이드, 블루 & 라즈베리 막걸리 빙수

동절기 다므기(더불어 함께를 뜻하는 옛말) : 메밀 전병과 단호박 앙금, 한방 단호박범벅, 인삼마차, 생강차

생명의 땅 나주의 일미 찻집

금성명다원

錦　城　茗　茶　園

나주의 차 문화 유적지, 운흥사

물맛을 차차 알아간다
영원으로 이어지는
맨발인,

다 싫고 냉수나 한 사발 마시고 싶은 때
잦다

오르막 끝나 땀 훔치고 이제
내리닫이, 그 언덕 보리밭 바람 같은,

손뼉 치며 감탄할 것 없이 그저
속에서 흰칠하게 뚜벅뚜벅 걸어 나오는,
그 걸음걸이

내 것으로도 몰래 익혀서
아직 만나지 않은, 사랑에도 죽음에도
써먹어야 할

흰칠한
물맛

차의 본성은 물이다. 그러니 차맛은 물맛에서 비롯된다. 장석남 시인의 시 '물맛'에서 이르는 '영원으로 이어지는 훤칠한 물맛'을 찾아 호남의 큰 강 영산강을 좇아 나섰다. 노령에서 흘러내린 열두 고랑의 맑은 물이 영산강을 이룬다. 노령산맥의 줄기 안에 나주평야가 있고, 전남 담양에서 발원하여 영암 하굿둑까지 350리 영산강의 중심에 비단고을 나주(羅州)가 있다. 그리하여 영산강은 나주의 강이다. 나주평야의 기름진 들녘과 굽이쳐 흐르는 영산강의 경관을 자랑하던 옛 도읍지 나주의 사거리에는 지금 '생명의 땅' 입간판이 곳곳에 서 있고, 영산대교 나주대교에서 펄럭이는 '4대강 살리기 사업' 현수막 아래는 지치지 않는 굴착기들이 백제 여인의 순결 같은 영산강을 파헤치고 유린 중이었다.

나주 백성 몇은 하굿둑이 생기는 바람에 영산강 수질이 많이 오염되었다고 하고, 몇은 영산강 살리기란 사업을 이해할 수 없다고 했다. 또 다른 몇은 수질 오염은 심각하나 물 부족은 아니라 했다. 강을 보러 왔으나 풍요한 강은 볼 수 없고 강바닥은 토혈하듯 시뻘건 흙만 쏟아내고 있었다. 훤칠한 물맛을 찾아왔으나 굽이쳐 흐르는 호남의 젖줄 영산강을 볼 수 없을지언정, 냉수 한 사발 마신 듯 훤칠한 강 언저리라도 만나야 하지 않겠는가. 금성산 차지킴이 송영건 씨가 일러준 옛 나루터 석관정에 가서야 비로소 영산강을 만날 수 있었다. 2천 년을 지켜온 순결한 백제 여인의 강은 안개에 푹 잠겨 있었고, 푸른 대숲 너머 요연한 호남의 자궁 영산강은 고요한 모성으로 유유했다.

구진포 장어, 영산포 홍어, 나주 곰탕의 나주 삼미(三味)가 영산강변을 따라 흐르는 나주는 맛의 고장이다. 나주의 삼미(三味) 맛 문화가 근래 들어 한정식과 불고기가 두 몫을 더해 오미(五味)로 등급했다. 그런데 나주의

영산강

4대강 살리기 사업으로 드러난 강바닥

다도면 표지석

본맛은 차가 아닐까. 여섯 번째 맛이라고 지칭하기에는 너무도 오래된 역사의 나주 차다. 하나씩 따져들자면 '다도(茶道)'가 버젓이 행정구역 이름이 된 다도면이 있다. 조선 말엽 남평군에 속했던 다소면과 도천면이 1914년 행정구역 통폐합으로 나주군에 편입되어 다도면으로 개편되었다. 그리고 다도면 덕룡산에는 백제 침류왕 때 지어 불교를 전파하기 시작하면서 차를 재배했다는 불회사가 있다. 그렇게 볼 때 이곳의 차는 1600년의 역사가 된다. 그리고 향과 질이 좋은 차를 임금님께 진상했던 다소(茶所)가 지명으로 유지되어 온 나주는 우리나라 차의 메카라 해도 과언이 아닐 성하다.

나주 삼대 맛의 지존인 나주곰탕을 먹을 요량에 명가 하얀집을 들렀다. 하얀집 곰탕은 곰탕 국물의 뽀얀 공식을 깼다. 말갛고 담백한 국물에 송

나주 곰탕의 명가 하얀집

송 썬 대파가 깔끔하고, 말은 밥보다 육질 좋은 고기가 더 많고, 계란지단
고명 위에 뿌린 고춧가루까지 다섯 가지 색이 들어찬 곰탕 한 그릇에 우
주의 섭리가 충분했다. 계란지단(黃), 대파의 하얀 뿌리(白)와 잎사귀(靑), 고
기로 흑(黑), 호남의 흙처럼 선명한 붉은 고춧가루(赤)의 오방색이 돋보인

하얀집 곰탕

다 했더니, 연잎차를 권하던 안주인은 나주
차문화 지킴이였다.

숭배되고 순례지로 거듭나야 할 나주의
차 문화 유적지로 초의선사가 출가한 운흥
사를 꼽아야 한다. 열다섯 나이의 초의선사
가 벽봉 민성에 의해 승적에 입적한 운흥사
는 노령산맥의 한 가닥이 흘러든 덕룡산 골

짜기에 있다. 덕룡산 동쪽 기슭에서 백제의 불교 전파 경로로 보존되어진 불회사와 달리 서쪽 기슭에 자리한 운흥사는 스산했다. 초의선사가 입적할 때까지만 해도 해남 대둔사의 큰절로 불릴 만큼 사세가 대단했던 운흥사는 6·25전쟁으로 모든 전각이 소실되었으나 다행히 주초석과 석축이 남아 있어 축대를 쌓고 지금의 대웅전을 복원할 수 있었다.

대웅전 앞 축대 곁에는 괘불지주가 두 조씩 세워져 있었고, 용도를 알 수 없는 지주의 파편들이 여기 저기 흩어져 있었다. 초의선사가 머물었을 허름한 요사채 넘어 골짜기에는 우거진 차나무가 대숲 아래를 따랐다. 예년에 없던 추위와 폭설로 얼어붙은 채 잡목에 뒤엉켜 있었다. 어린 초의가 승적에 입적하고 우리 차의 초석을 깐 운흥사는 채 피지 못하고 얼어붙은 차꽃 마냥 쓸쓸했다. 어린 싹 돋을 새봄에는 '운흥사 가는 길'이 초립둥이 초의가 번민 속에 걸었던 구도의 길로서 차인들의 순례지로 거듭나고, 얼어붙은 차꽃 봉오리도 애정 어린 눈길 속에 피어나기를 바랐다.

초의선사가 머물렀을 것으로 보는 운흥사 요사채

대화재에도 남은 주초석

초의선사가 출가한 차 문화 유적지 운흥사의 겨울은 쓸쓸하기만 하다.

나주향교 옆 낮은 토담을 따라
금성명다원으로 연결된 골목길

나주향교 옆 토담을 따라 가는 찻집, 금성명다원

나주 사람들이 상산(上山)으로 부르는 금성산은 금성산신이 사는 진산(鎭山)이다. 산신제에 쓰는 차를 만드는 송영건 씨는 금성명다원의 주인장이다. 나주향교 바로 옆 낮은 토담을 따라 금성명다원으로 이르는 길에 도타운 정이 흘렀다. 금성산 차는 나주시로부터 금성산 야생차밭 관리를 맡은 그가 유일하게 만들고 있다. 차나무가 자라고 차를 만드는 곳이면 안 간데 없을 정도로 차에 매달렸던 그는 끝내 '풋사과 청초한 향과 맛'의 발효차를 만들었고, 금성명차는 나주의 오미(五味)를 육미(六味)로 승급시켰다. 게다가 그는 차의 떫은맛을 눅잦히고, 참맛을 드러내기 위해서 구증구포(九蒸九曝)를 고수한다.

금성명다원 안쪽 입구의 봄 풍경

금성명다원 차실

금성명다원 주인장

금성산 가을 차꽃

찻집은 주인이 이야기다. 왕건은 견훤과의 전쟁으로부터 얻어낸 금성산에서 산신제를 지내게 했다. 제례에는 차가 빠지지 않으니 이미 그 무렵이나 이전부터 금성산 자락에 차나무가 자랐을 것이고, 일제강점기 때는 금성산 찻잎을 수매하기도 했던 나주 차 언저리 이야기가 송씨의 구수한 입담에서 풀어 나와 달큰한 발효차에 녹아들었다. 금성명다원의 차림표에는 동양 삼국의 차가 용호상박하듯 꽉 찼다. 일본 전차와 말차, 대만 오룡, 중국 오룡과 철관음, 대홍포, 3년산부터 30년산까지의 보이차 등이 즐비해도 노령산맥의 큰 줄기가 뻗어 내린 금성산 자락에서 영산강 물맛을 보며 자란 금성산 차 맛만 하랴. 주인장의 인생관을 차의 오미에 녹록히 풀어낸 금성산 명차를 몇 잔 거푸 마시니 오장도 말개졌다.

차맛은 물맛에서, 물맛은 생명의 본성과 우주의 섭리에 닿아 있다. 나주의 차야말로 나주의 일미였다. 호남의 생명을 이끄는 영산강에서 뚜벅 뚜벅 걸어 나올 훤칠한 물맛을 기대하며, 생명의 땅 나주가 윤흥사의 무성한 차 숲과 금성산 차의 오미 속에서 오롯한 생명으로 거듭나기를 염원했다.

주소 : 경상남도 하동군 나주시 교동 60-1
전화번호 : 061-331-9969

금성명다원 차림표

야생차 : 황차, 녹차(우전), 녹차(세작)

보이차 : 숙병, 청병

기타 : 허브차, 라벤다, 송순 효소차,
매실 효소차

일본 차 : 녹차

대만 차 : 오룡차, 백호오룡차

중국 차 : 오룡철관음차, 강발효차,
대홍포차, 용정차(녹차)

초의선사와 다산의 만남을 기억하는 찻집

수종사 삼정헌

水 種 寺 三 鼎 軒

어찌 살아야 하는가, 물거들랑 수종사에 가자

　　차는 그저 찻물이 아니다. 차나무의 곧게 내린 뿌리가 품던 흙
의 기운과 갓난아이 같은 입술의 여린 찻잎이 마시던 햇살과 바람과 하늘
의 빛과 빗방울마저 온전히 뿜어낸 것이 차이다. 그러니 작은 찻잔 하나
에 온 우주가 그렁그렁하다. 끝내 죽은 줄로만 알았던 찻잎의 부활을 오
감으로 느끼는 것은 차의 세계에 발을 들이는 과정이다.
　오래전 차 한잔에서 얻은 벅찬 위로가 산하의 물길을 따르게 했고, 그
길에 선 사람들과의 인연은 시간의 강을 트게 했다. 특별히 젊은 청춘들
의 차에는 여린 차의 잎순 같은 신선한 희열이 녹록하다. 그들은 차의
등급도, 찻그릇의 진기명기를 따지지 않는다. 다만 소중한 인연으로 차
의 길을 만들어간다. 그래서 좋은 차는 아름다운 사람과 같고, 아름다운
사람은 좋은 차와 같은 것이다. 그런 그들이 한 번씩 '어찌 살아야 합니
까' 라고 물어온다. 그런데 그게 딱 부러지는 정답이 있던가. 차라리 조
주선사처럼 "차나 한잔 마시고 가게(喫茶去)"라는 알 듯 모를 듯한 답을
할 밖에.

인간이 살아가면서 갈구하는 '나는 누구인가', '어떻게 살아야 하는가' 그리고 '어떻게 죽을 것인가'란 물음은 인문학의 과제였다. 차 한잔이 얼마나 큰 위로임을 온몸의 감각으로 받아들인 후에야 차라는 것이 본성을 일구어가는 밭임을 알았다. 한방에 달려드는 향의 커피와 사뭇 다른 것이 차이다. 커피가 본능이라면 차는 본성이다. 그래서 차 한잔을 찾아가는 길은 사람의 길에 서야 할 덕목이다.

툭하면 자살을 꿈꾸는 이는 지리산에 반성하러 오라던 지리산 시인의 시구처럼, 어찌 살아야 하는지를 갈구하며, 삶의 성장통을 앓는 그들에게 오늘은 '수종사에서 차 한잔'으로 답을 내민다.

수종사 일주문

남한강과 북한강 두 물이 만나는 두물머리

왜, 수종사일까?

까닭 따위는 묻지 말고 내처 가보라. 가서 무엇을 보고 느껴야 하냐고
궁금해 하지도 말자. 다만 수종사의 이름에 풍기는 물방울쯤은 미리 품음
직하다.

즉위한 지 4년 만인 1458년에 금강산을 다녀오던 세조는 두물머리(二水
頭:兩水里)에서 하룻밤을 묵었다. 한밤중 난데없는 종소리에 잠을 깬 세조
는 부근을 조사하게 했다. 바위굴을 찾았는데 뜻밖에 그 굴속에는 18나한
(羅漢)이 있었다. 굴속에서 물방울이 똑 똑 떨어지는 소리가 마치 종소리처
럼 청아하게 울려나왔던 것이다. 세조는 그 자리에 절을 짓고 수종사(水鐘

寺)라 이름을 짓게 했다. 이렇게 물방울이 종소리가 된 수종사의 유래는 길머리에 기분 좋은 예감이다.

거친 비탈길로 숨이 턱에 차오를 때는 돌아나는 바위 그루터기에 걸터 앉아 쉬다 가자. 그리고 아래 두 시를 적은 수첩을 꺼내 신록의 숲에 이는 바람을 음악 삼아 쉬엄쉬엄 읽어보면 오랜 선인의 자취가 곁을 따르리라.

은거 깊이 못한 게 혐의스러워(遯世猶嫌淺)

세속 아예 멀리하려 바위에 사니(棲巖欲絶蹤)

수종사가 멀리 있는 절은 아니나(水鐘非遠寺)

운길봉은 그런대로 높은 산일레(雲吉自高峯)

석양빛에 새들은 둥지를 찾고(落景看歸鳥)

세밑이라 이무기 칩거를 하니(窮陰有蟄龍)

아마도 내 집에선 두세 벗들이(心知二三子)

대문 기대 이 몸을 기다리겠지(候我倚門松)

조선 중기의 문장가 농암(農巖) 김창협(金昌協)은 아버지 김수항이 기사환국 때 사사(賜死)하자 벼슬을 버리고 은거했다. '멀리 있는 절은 아니나, 그런대로 높은 산'인 운길산에 올라 수종사에 자리 잡고 살며 지은 '수종사에 가서 거처하며'란 김창협의 시다.

다음은 일생을 통해 수종사에서 지낸 즐거움을 '군자유삼락(君子有三樂)'의 하나로 꼽았던 다산 정약용이 열네 살 나이에 '수종사에 노닐며(游水鐘寺)'란 제목으로 지은 시다.

담쟁이 험한 비탈 끼고 우거져(垂蘿夾危磴)

절간으로 드는 길 분명찮은데(不辨曹溪路)

응달에는 묵은 눈 쌓여 있고(陰岡滯古雪)

물가엔 아침 안개 흩어지누나(晴洲散朝霧)

샘물은 돌구멍에서 솟아오르고(地漿湧嵌穴)

종소리 숲 속에 울려 퍼지네(鍾響出深樹)

유람길 예서부터 두루 밟지만(游歷玆自遍)

돌아올 기약을 어찌 다시 그르치랴(幽期寧再誤)

어린 다산(茶山)이 이곳에 오를 때는 담쟁이덩굴 우거진 비탈길이 절간
으로 드는 길인지, 운길산 꼭대기로 가는 길인지 헷갈릴 법했을 게다. 지

금이야 가파르고 구불구불 난 길이라도 가
속기를 힘껏 밟고 오르면 수종사로 바로 들
게 한다. 그렇지만 어찌 사느냐가 머릿속에
맴돌 때는 걸어야 한다.

거친 숨소리에도 땀이 배게 날 때, 비로소
숲을 따르던 '홀딱 벗고' 새를 이해할 수 있
다. 조류학자들이 검은등뻐꾸기의 소리를
헤아리는 '카·카·카·코' 네 음절이, 삶을
고민하는 이에게는 '홀·딱·벗·고'로 이
해된다는 게다. 저 산 아래에서 등짐 진 세
속의 것들을 하나씩 벗고 오르라는 선승의
가르침을 몸으로 느끼게 되는 것이다.

올 들어 문화재청은 경기도 남양주시 조
안면 북한강로 등의 '남양주 운길산 수종사

수종사 오르는 바위 길은 다산초당의 길과 닮아 있다.

일원'을 국가지정문화재 명승 제109호로 지정했다. 전망 지점으로서의 가
치와 수종사 주변과 운길산의 자연경관, 그리고 고서화에 나타난 역사·
문화적 가치를 인정했다는 것이다. 그리고 겸재 정선은 수종사와 두물머
리의 아름다움을 그의 그림 '경교명승첩(京郊名勝帖)' 33폭 중 '독백탄(獨栢
灘)'에 잘 나타내었다. 그런데 이런 문화재로서의 가치는 차치하고 수종사
의 참맛은 이렇게 거슬러 오르는 것에서부터 시작이다.

어린 다산이 수종사로 오르던 이 길은 어른이 되어 닿은 강진 유배지
다산초당으로 오르던 길과 닮아 있다. 다산초당 길이 오랜 뿌리의 길이라
면 수종사 길은 두려움을 밟고 가는 바위의 길이다. 그를 짐작이나 하듯

중간 이정표에 넬슨 만델라의 글이 추임새를 넣었다.

나는 용기라는 것은 두려움이 없는 것이 아니라, 두려움을 넘어선 승리임을 배웠다. 용기 있는 자는 두려움을 느끼지 않는 사람이 아니라, 두려움을 정복하는 자이다.

자동차도 가쁜 숨 몰아쉬며 헐떡이는 길이다. 그러나 수종사로 오르는 길은 급한 기울기나 발에 채는 돌멩이를 아랑곳 않는, 느린 사유의 길이다.

훗날 강진 유배가 끝난 다산이 다시 운길봉으로 오르고, 그를 찾아 멀리 해남에서 올라온 초의선사. 수종사에 올라 차를 마시던 옛 다인들의 깊은 호흡이 시멘트 포장길을 거슬러 오르는 발길에 붙었다. 세계에서 가장 행복한 인간들이 사는 나라에는 인공으로 포장된 도로가 없었다. 그들은 자연에 손을 적게 댈수록 행복에 이른다고 했다. 아주 작은 것에도 만족하는 그들이 두려워하는 대상이라야 회오리나 지진이 전부인 남태평양 바누아트의 얘기다. 행복하기 위해 자연을 해치고 물질로 쌓아올린 인간의 문명은 시멘트 포장길과도 같다. 편한 것과 행복하다는 것은 시멘트 포장길과 흙길처럼 다르다.

어찌 살아야 하느냐고? 나도 어찌 살아야 하는지를 모르는데, 감히 답을 내릴 수 있겠는가. 다만 누구나 피할 수 없는 만큼 두려운 죽음 앞에서 삶에 골몰할 수밖에 없는 인간임을 알아챌 뿐이다. 이성을 가진 인간의 시작점에서부터 따르던 궁극적인 물음이 '어찌 살아야 하는가'가 아닌가. 사람의 길에 명쾌한 답은 없으리라. 소슬한 길을 따르던 선인의 족적에서 불현듯 답을 얻게 되리라는 기대로 지금도 오르는 것이다.

더 나아가 차를 왜 마시느냐, 차의 정신은 무엇이냐는 몇 가지 물음도 언저리에 따르기는 한 가지다. 우리 차에 '다도'라는 엄한 명제를 내린 초의선사는 탑 가장자리에 발자국을 남긴 사슴더러 "이쁘다, 너는 그 슬기를 누구한테 배웠느냐, 삶의 진리는 너나 나나 다를 바가 무엇이랴(繞塔班班鹿印蹄 憐爾靈明誰教得 莊生物我可相齊)"며 자연의 평등한 진리를 수종사에서 남기었다. 한편 "수종사는 청고한 곳에 있고 산천은 그 아래 깔렸도다. 더좋은 곳 찾는다고 소로길 더듬을 게 뭐람. 부질없는 생각으로 오락가락했구려(地位清高景物低 探幽曾不下山蹊 唯將一副開心日 早向東頭晚向西)"라고 앉은 자리조차 보존하지 못하고 이리저리 연연하는 일군의 행객들에게도 일침을 가한 그였다.

옛 다인들의 자취를 좇아 불이문으로 들어선다.

옛 다인들의 자취를 좇아 일주문과 불이문을 지나면 돌계단 옆, 도르래의 지지대가 삐죽이 솟아 있다. 저 계단만 지나면 날아갈 듯 운길봉 수종사 경내에 닿으리라. 절 안으로 짐을 실어 나르는 도르래의 솟을 기둥에 노동의 힘이 경건하다. 가쁜 숨이 잦아들었다.

수종사의 보호수인 은행나무

남한강과 북한강 두 물이 만나 이룬 하나의 강이 저 아래다. 부연 안개 속에 아득한 산천이 그림인지, 그림이 산천으로 살아난 것인지 눈 아래 세계는 고요하다. 팔당대교 위로 자동차들만이 햇빛 속 작은 점으로 반짝인다. 조선 초기의 학자 서거정은 수종사를 '동방에서 제일의 전망을 가진 사찰'이라 했다. 그런데 숨을 몰아가며 내처 오른 것은, 전망 좋은 사찰에서 좋다는 전망 하나 품으려 한 것만은 아니다.

조계종 봉선사의 말사로 세조와 관련된 창건설화, 바위굴 속의 18나한, 물 떨어지는 소리가 암벽을 울려 종소리처럼 들린 것에 돌계단을 쌓고 수종사를 지었다는 내용, 고종이 중창하게 했고, 6·25전쟁 때 소실된 것을 1974년에 주지 장혜광(張慧光)이 대웅보전 등을 신축하여 오늘에 이르며, 많은 유물이 출토된 경기도 유형문화재 제22호 수종사 다보탑 등의 역사보다 실은 수종사 찻집 '삼정헌(三鼎軒)'을 찾아온 것이다.

다도를 배우는 전망 좋은 찻집, 삼정헌

팔당댐의 절경이 한눈에 내려다보이는 수종사의 별채 다실 '삼정헌(三鼎軒)'. 삼정헌은 무인 찻집이다. 자유롭게 차를 덜어 마시고, 마신 후 찻잔을 본대로 깨끗이 씻어 정리한 후, 자신의 뜻만큼 찻값을 두고 가는 무소유형 찻집이다. 문턱 안에는 덧버선이 가지런하다. 머쓱한 맨발을 감출 수 있는 엽렵함에 들어서는 발걸음이 조심스럽다. 앉은뱅이 찻상 위에는 찻자리 꽃이 앙증맞고 찻그릇도 반지르르 윤이 난다. 우리는 법이 상세한 안내문을 따라 혼자서도 얼마든지 차를 우려낼 수 있다. 쪼르륵 물 따르는 소리, 두 물이 한 몸이 되는 한강을 내려다보며 마시는 차 한잔. 비로소 여기에 와야 할 까닭을 깨닫는다.

수종사 삼정헌 차실

수종사 삼정헌 찻집에서는 두물머리를 내려다보는 정경이 아름답다.

다산 정약용·초의선사·추사 김정희 등 우리나라 최고의 다인들이 차를 마시러 즐겨 찾던 수종사. 초의선사는 자신이 심고 만든 햇차를 다산과 추사에게 보내 주어 귀양살이를 위로했고, 다산과 추사는 고마움을 절절한 편지로 보내어 우정을 쌓아갔다. 저 아래 두 물을 내려다보며 차를 마시던 그들은 어떤 이야기를 나누었을까.

큰 절이 푸른 산을 가리었네
저 절 짓느라 쓰인 물자 얼마일까
연꽃이 떨이지니
범패(梵唄) 소리 끊기고
비람풍이 요란스러워
낭당이 목이 메었는데

달빛이 고요한 절간에 스며들어
꿈을 깨어놓고 나를 외롭게 하네
오, 여기는
상감께서 들르신 곳
어로에 불향이
가볍게 얽히었을 것이로다.

초의선사의 '수종사를 회고하며'에 이어 또 하나의 시를 읊조린다.

나라 안 좋은 곳 다 돌아다녔지만
오늘 내가 여기 오면서
운문에서 자지 않고 물 건너 온 것은
삼월이 되면 꽃들이 향기 풍기고, 자고 우는 것을 생각함이로다.

수종사 삼정헌 찻집은 무인찻집이다.

초의선사의 시가 절로 찻잔에 어린다. 그들도 저 아래 두 물의 머리가 맞대는 양을 굽어보며, 차 한잔에서 삶의 답을 찾으려 했을지도 모른다.

꽃씨 속에는 꽃이 없다. 씨를 묻은 흙과 흙이 품은 물과 싹을 키워낼 햇살과 바람이 아울러 피워낸 것이 꽃이다. 차는 찻잎만으로 만들어내는 것이 아니다. 차나무의 뿌리가 품던 흙의 기운과 여린 찻잎이 마시던 햇살과 바람 그리고 한잎 한잎 똑똑 따서 뜨거운 가마솥에서 덖어내던 농부의 땀까지 온 생명으로 우려낸 것이 차이다.

서너 잔의 차에 '삼정헌' 문 위에 내걸린 '자연방하(自然放下)'가 눈에 들어왔다. 자연스럽게 모든 것을 아래에 내려놓다, 자연과 하나인 본래의 상태로 돌아간다는 말이다. '무소유'는 소유하지 않음이 아니다. 소유 그조차도 초월하는 것이다. 사람들은 두 물이 만나는 경계를 찾으려 팔당댐에서 서성이지만, 그런데 물에 경계가 있던가. 사람이 그어놓은 선이 경계일 뿐이다. 어찌 살아야 하는가 하는 구분이 사는 일을 더 어렵게 할지도 모른다. 작은 찻잔에 든 연둣빛 찻물이 마음먹기에 따라 저 아래 큰 강일 수도 있다.

'어찌 살아야 할 것인가'가 삶에 희망을 두자는 것이라면 길과 같은 것이다. 운길봉 수종사로 오르던 길도 애초에 길이 아니었다. 사람들의 수많은 발자국이 오가며 길을 낸 것이다. 예까지 오르던 길과 같이 품고 또 품으면 희망은 실현되리라. '자연방하(自然放下)'라는 또 하나의 답을 생각지 않게 얻은 것처럼….

주소 : 경기도 남양주시 조안면 송촌리 1060
전화번호 : 031-576-8411

🍵 수종사 삼정헌이 알려주는 차 마시는 법

● 차를 맛있게 마시는 방법

1. 다기 데우고 헹구기
   끓인 물을 숙우에 따른 후 그 물을 다관에 붓는다.
   다관이 데워지면 그 물을 찻잔에 고루 부어 놓는다.
   찻잔의 물은 차를 우리는 동안 퇴수기에 비운다.

2. 물 식히기
   인원수에 맞게 물을 숙우에 부은 후 식힌다. (약 60~70도)

3. 차 우리기
   다관에 차를 넣고(넣는 양 : 1티스푼 정도) 숙우의 식힌 물을 부은 다음 30초~1분 정도 우린다.
   우러난 차를 숙우에 따라서 잔에 나눈다.

4. 차 마시기
   바른 자세로 앉아 찻잔을 오른손으로 들고 왼손으로 받치고 입안에 머금어 굴리듯이 하며 음미한다.

5. 재탕 우려 마시기
   같은 방법으로 하는데, 첫 탕보다 온도는 점점 높게, 시간은 조금씩 짧게 해서 두세 번 더 우려 마신다.

산마루에 걸린 구름 같은 찻집

산마루 그리워

매실나무가 오종종한 광양의 하동포구

"이모. 거기 가 보세요. 앞이 탁 트여 전망도 좋고 차 맛도 좋던데요."

어린 딸에게 세상 구경시킨다며 휴일이면 아내와 풍광 좋고, 맛 좋은 곳을 찾아다니는 조카에게서 연락이 왔다. 물로 된 마실거리와 괜찮은 찻집을 좇아, 나라 안 구석구석을 헤집는 이모에게 정보를 주는 목소리에 짐짓 힘이 들어 있다. 실은 그 한 줄 문장에는 찻집의 소스가 웬만하다.

전망 좋고, 차 맛 좋은 집.

차학 강의 현장에서 만난 대부분의 젊은이들은 '여유가 되면, 언젠가는, 할 수 있다면'이란 전제 하에 '정말 괜찮은' 카페나 찻집 갖기를 소망한다. 그런데 자신의 찻집 소유가 어디 청춘의 꿈이기만 하겠는가. 개 같이 벌어서 정승같이 쓰고 사는 것이 늘그막의 로망이라면, 그 로망에는 으레 자신만의 찻집이 들어가곤 한다. 아착갈이 벌어 훗날 자신의 취향을 살린 찻집에 찾아든 이들과 정담을 나누며, 자신이 만든 차 한잔이 소박한 위안이 되고, 슬며시 건넨 인생 경험으로 그들의 삶이 견고해진다면…. 나만의 찻집, 상상만 해도 설레지 않는가.

섬진강가의 청년들

　경제의 고속성장으로 한 끼 밥은 걱정하지 않는 시대가 되었다. 물론 밥내 깔린 어둔 골목길에서 눈물자국으로 서성이는 이들이 도처에 있긴 하지만…. 어쨌든 지금은 한 끼 밥보다 스트레스가 남긴 상처의 치유를 갈구하고 표방하는 세대다. 언젠가부터 '힐링·치유'가 문화적 코드의 대명사가 되었다. 고봉으로 꾹 꾹 눌러 담은 밥과 기름진 반찬만으로는 영혼의 허기를 채울 수 없다는 것이다. 그러니 숭늉 한 사발에 입가를 쓰윽 닦으며 행복한 표정 짓던 조상들은 이해하지 못할 지금의 허기이고 갈증이다. 그래서 마실거리에 천착할 수밖에 없게 된 지금이다.

　물은 곧 생명이고, 그 생명에 윤기를 더하는 것이 차이다. 나와 너의 삶에 윤기를 더할 '나만의 찻집'을 갖지 못할 요량이면, '찻집'의 로망니스트에게 가이드라도 하는 것이 오랜 세월 차를 따라온 책무라 여겼다.

이번에는 조카의 안목이 꼽은 찻집이다. 그래서 광양 길로 나섰다.

　우리나라에서 아름다운 곳을 들라치면, 단박에 지리산과 자웅동체인 섬진강을 꼽는다. 섬진강은 지아비를 섬기듯 소리 없이 깊은 사랑으로 흘러내리는 어미의 강이다. 섬진강이 4대강 개발의 표적이 되지 않은 것은 지아비 지리산의 준엄한 뒷배이리라. 강가에 서면 어미의 등에 업힌 듯 가슴께가 따뜻해지고, 굽이굽이 긴 강물은 어미의 젖줄인 양 목울대가 뭉클하다. 고달픈 하루살이 생에 진저리칠 때면 모성으로 부푼 섬진강을 찾

송림공원의 소나무 숲

산마루 그리워 찻집에서 내려다본 섬진강과 하동읍내

을 일이다. 그런데 섬진강을 빤히 내려다뵈는 전망 좋은 찻집이라니, 한 걸음에 내달려야 할 남도 길이잖은가.

매실나무가 오종종한 광양 산굽이를 돌아나니, 그야말로 높은 산등성에 구름처럼 턱 걸려 있는 토담집이 나타났다. 지방 도로에서 언뜻 스치던 토방 음식점 같이 소탈하다. 인가도 없는 외딴 도로에 덩그런 찻집 '산마루 그리워'. 이미 어둑해진 실내에 등이 하나 둘 켜지고, 어둠에 익지 않은 시선은 자연스레 찻집 밖으로 향했다. 문을 열고 나선 발코니 아래가 아찔하다.

오, 새싹 같은 딸에게 아스라한 강과 철교를 가리키던 조카의 사진이 온전한 풍광이다. 거칠 것 없는 섬진강의 파노라마다. 직장 상사가 안내한 찻집을 딸에게 보여주고자 예까지 달려온 조카의 부성이 찡하다.

청매실 농원의 전통 옹기

광양의 청매실

섬진강이 빤히 내려다보이는 찻집, 산마루 그리워

발코니에서 내다본 하동포구 80리 강 한쪽에 전라선 철길이 달리고, 강 건너 정결한 모래톱 뒤로 천연의 송림이 울창하다. 그리고 닿을 듯 산 아래 구름마을이 하동의 읍내다.

강줄기 따라 시선은 흘러내리는데, 번잡한 일상의 기억은 방향 없이 헛돌다 사라져버리는 무념의 풍경이다. 아낙이 밀어놓고 간 차림표 '산마루의 사계절'에 오디차, 돌배차, 매실차, 대추차, 솔잎차, 모과차, 개똥쑥차, 더덕즙, 칡즙, 마즙 등의 메뉴가 그득하다. 주문한 대추차에 주인장의 손맛이 깊다.

찻집의 조건이 풍광 좋고, 차 맛만 좋으면 되는가. 하나 더 보탤 것은 '주인'이다. 거듭 말하지만 전망 혹은 인테리어 그리고 차 맛은 반드시 갖

산마루 그리워에서 내려다본 섬진강 전경

찻집 천장의 전등 장식

추어야 할 찻집의 덕목이다. 그런데 무엇보다 주인장의 '끌림'이 있어야
한다. 주인장은 한 번 온 손님을 다시 또 오게 하는, 그리고 그 손님이 또
다른 무리의 손님을 이끌고 오게 하는 힘이다.

깊은 손맛을 가진 주인장이 궁금하던 차, 찻잎 따고 오는 길이라며 다
가서는 주인아주머니가 찻집만큼 소탈하다. 웃는 입매가 곱다. 하동의 중
학교 행정직에 있다가 이 자리에 찻집을 열게 된 것이 10년도 넘었단다.
아주머니의 순박한 말씨에 끌릴 때, 퇴근길에 들어서는 도청 직원들 몇이
가족같이 친근하다. 그리고 보니 낯익은 이름들이 홀 가운데의 벽난로를
빙 둘렀다. 섬진강이 빤히 보이는 이 찻집은 광양, 하동 사람만의 것도 아
니다. 먼 데서도 찾아올 까닭 있는 명소라는 것이다. 주인장은 있는 듯 없
는 듯 자리를 지키고, 주변에서 채취한 천연의 재료로 차를 만들어내었다.

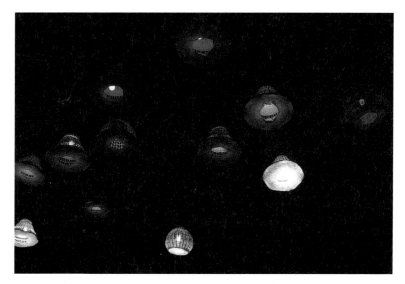

운치를 더하는 전등

어미의 손길로 차를 내리고, 차 한잔에 치유의 힘을 빚어내는 것이다. 입매 고운 아주머니는 그렇게 산마루에 걸린 구름 같은 찻집에서 자신의 역사를 만들어가고 있다. 사람들 각자의 순간순간 이야기가 모여 섬진강처럼 흘러내리는 것이 역사다.

섬진강 파노라마로 툭 트인 찻집에서 깊은 맛을 우려내는 '산마루 그리워'는 우리나라 찻집 역사에 돋을새김 중이다. 그리고 그 역사의 현장에서 우리는 차 한잔의 페이지를 넘기는 게다. 풍류객이 남긴 시에서처럼 섬진강을 빤히 내려다보는 찻집 '산마루 그리워'에 어둠이 짙게 내렸다.

주소 : 전라남도 광양시 다압면 신원리 317-6
전화번호 : 061-772-7072

계곡을 더듬고 내려온 벼랑 끝에
산을 밀어내고 눌러 앉아
무동산 지킴으로 골목을 지키는
산마루 그리워

누군가가 흘리고 간 전설의 땅
슬픈 기억은 모조리 지우고 싶은
아랫도리가 시퍼렇게 질린 강물과
보리 모갱이가 누런 배부른 너배기 들녘과
오뉴월 땡볕에 검게 그을린 하동 읍내가
배롱꽃 위에 대롱대롱 매달려 있다

밤이면 은하수에 발 담그고
억겁 풍상을 거머쥐고 휘도는
섬진강을 빤히 내려다보며
순박한 여인의 웃음과 달디 단 언어
매화꽃 향기를 찻잔 속에 풀어 마시면
가슴에 젖어드는 연둣빛 입술
산은 숲을 내어놓고
바람은 숲으로 숨어 들어가 시를 잉태하는
여기가 무릉도원 '산마루 그리워'이다.

― 김우진, '산마루 그리워'에서

🍎 산마루 그리워 차림표

웰빙차 : 블루베리차, 대추차, 매실차, 오미자차, 솔잎차, 돌배차, 모과차, 유자차, 오디차

차 : 우전 녹차, 개똥쑥차, 황차, 연잎차, 뽕잎차, 국화차

냉차 : 더덕즙, 생칡즙, 생마즙, 홍삼차, 매실주스, 냉솔주스, 냉오미자, 냉커피, 레몬에이드,
아이스티, 오디주스, 팥빙수

매화꽃잎 떨어진 명당 자리 찻집

매월당
梅　　月　　堂

매월당 김시습의 '만복사저포기'에 그려진 사랑

'이 밤이 어인 밤이기에 이처럼 고운 선녀를 만났던가. 꽃 같은 얼굴은 어이 그리도 고운지 붉은 입술은 앵두 같아라.'

부모를 일찍 여읜 노총각 양생은 전라도 남원 만복사에서 지내며 외로운 나날을 보냈다. 해마다 청춘 남녀가 소원을 비는 3월 24일에 양생도 배필 점지에 대한 소원을 저포내기로 빌었다. 그는 부처님과 저포놀이에

김시습의 〈만복사저포기〉의 배경 무대인 만복사지

만복사지 당간지주

만복사지 석인상

서 이긴 대가로 아리따운 여인을 만난다. 왜구의 난에 부모와 헤어진 처녀도 배필을 구하고자 부처에게 기도하던 터였다. 그들은 술을 마시고 시를 나눈 후 인연을 맺는다. 여인은 자신의 개령동 거처로 양생을 데려가 융숭히 대접을 하고 사흘 동안 즐거운 시간을 보낸다. 그러나 여인은 양생에게 다시 만날 신표로 은그릇을 주며 재회를 기약한다. 다음 날 약속 장소인 보련사 길목에서 여인을 기다리던 양생은 딸의 대상을 치르러 가는 양반집 행차를 만나는데, 자기와 사랑을 나눈 여인이 3년 전에 왜구의 난리 통에 죽은 그 집 딸의 환신임을 알게 된다. 여자는 양생과 부모가 베푼 음식을 먹고 저승의 명을 거역할 수 없다며 영영 이별한다. 어느 날

5층석탑

밤 홀로 있던 그에게 '자신은 이웃 나라에서 남자로 태어났으니, 당신도 불도를 닦아 윤회를 벗어나라'는 여인의 목소리가 들렸다. 양생은 재산을 팔아 여인의 명복을 빌고, 다시는 장가를 들지 않고 지리산에 들어가 약초를 캐며 살았다. 그가 언제 죽었는지는 아무도 모른다.

김시습의 소설집《금오신화金鰲新話》다섯 편의 소설 중에 하나인〈만복사저포기萬福寺樗蒲記〉의 내용이다. 죽은 혼령임을 알고도 그녀와의 약속을 지키고 명복을 빌며 다시 장가를 들지 않은 양생의 순애는 물질적이고 감각적 사랑을 추구하는 이즈음 사람들에게 뜨끔한 암시가 아닐는지.

순창에서 남원으로 가는 국도변 왕정동에 펼쳐진 만복사지. 부처와 저포놀이에서 이긴 양생이 운명 같은 인연에 맞닥뜨렸을 때도 저렇듯 가슴 설레는 푸른 잔디였을까. 한땀 한땀 수놓듯 자잘한 돌을 쌓은 석축 위의 낮은 집들이 만복사의 너른 터를 보호하듯 감싸고 있다. 무엇이 그를 지다지도 분노하게 했는지, 안구가 불거지도록 쏘아보는 거인석상, 거대한 당간지주, 연꽃 무늬의 석등대석, 보물 제30호 5층석탑들이 군데군데 흩

석축 위에 집을 지은 만복사지 주변 마을 정경

어진 만복사의 너른 터는 당시의 웅대한 규모를 가늠케 한다. 온화한 미소와 흘러내리는 옷자락, 완만한 몸매가 우아한 석조여래입상은 금방이라도 손에 든 정병으로 차 한잔 같이 나누자고 걸어 나올 것만 같이 생생하다.

산 남자와 죽은 여자의 사랑을 살아 있는 사람들의 사랑보다 더 강렬히 표현함으로써 세조의 횡포를 고발한 매월당 김시습. 양생은 남원 사람이고, 매월당 김시습은 남원 만복사에서 남원 사람의 사랑 이야기를 남겼다.

만복사지의 석조여래입상

매월당 찻집은 매화산 매화꽃잎 떨어진 명당 자리에 위치해 있다.

우리 차의 새로운 신화를 쓰는 찻집, 매월당

《금오신화》로부터 550년 만에 남원의 새 신화가 보련산 길목에 드러났다. 〈만복사저포기〉, 〈춘향전〉에 이어 남원의 세 번째 신화로 기대되는 '신매월당전(新梅月堂傳)'이다. 허구 속의 죽은 사람과 산 사람, 남자와 여자의 주인공을 다룬 이전 소설과 달리 지금 이 땅에 발을 붙이고 차를 일구는 사람과 그의 차 이야기이다.

무대는 매화산 자락 매화꽃잎이 떨어진 명당 자리의 매월당(梅月堂). 퍼런 잔디를 입은 묘가 언뜻 보이는 것이 풍수를 잡은 명당의 뒷받침이리라. 죽은 자의 혼이 떠도는 터가 아니라, 신화 속 옛사람의 향기로 남은 평화로운 마을이다. 홍송이 울창한 산자락에 억새 지붕을 두텁게 인 황토 초암(草庵) 몇 채는 '신매월당전'의 프롤로그다.

매월당 찻집 입구

찻집 매월당과 제다소 향원익청

　땅에 마실 왔던 신(神)이 벗어놓은 삿갓 형상의 지리산 첩첩 산줄기가
맞은편 하늘 아래로 펼쳐지고, 뒤로는 전북 5대 암산 중의 하나인 보련산
이 녹주맥반석 광맥으로 흘러내린다. 풍수를 모르는 무지렁이라도 한눈에
명당이다. 송홧가루가 뿌옇게 노니는 몽환경의 뜰에 채반 가득 '보련암차'
의 찻잎이 몸을 말리고 있다. 이런 외딴 데에서 차의 실낙원을 어찌 복원
할 수 있을까. 매월당의 주인장은 차에 미친 것이다. 미치지 않고서는 큰
돈도 되지 않은 우리 차 시장의 현실에 새 깃발을 꽂을 수 있단 말인가.
　매월당의 주인장 신목 오동섭 씨. 그는 한 잔의 차에 빠져들어 남원차
를 찾아 헤맸고, 매촌마을 만학동 계곡의 야생차밭을 발견한 후, 구전과
검색에 기웃거리다가, 차 관련 고서를 뒤적이며 제다를 시작했다. 스스로

전통 제대로 덖음차를 만드는 신목 오동섭 씨

실습 제다한 차를 몽땅 버리기를 몇 해, 그러다가 어느 스님에게 맛보라고 드렸던 차를 다시 한 분의 스님이 맛을 보고 '이 차를 만든 사람을 신목(神目)이라 불러라'는 연유로 신의 눈이 된 그다.

오랫동안 차를 마셨다고 해서 죄다 차인(茶人)이라고 할 수 없듯이, 수십년간 차를 만들었다고 해서 반드시 명인인 것은 아니다. 차에 대한 열정이란, 성실을 뛰어넘어 미쳐야 하는 것이다. 그렇게 볼 때 오동섭 씨는 차에 꽂힌 열정의 광인이다. 그것은 차 맛이 보여준 무언의 증명이다. 그의 집념은 틀어 감아 맨 상투와 몇 가락 수염, 차나무 덤불에 긁힌 고집스런 팔뚝에 불거진 핏줄 같다. 철저한 청결이 보장된 제다소의 위생을 첫째로 삼고, 좋은 차는 가마솥에 달렸다는 주장대로 한 점의 녹을 허용치 않는 반지르르한 가마솥이 둘째다. 초암 담벼락에 한켜 한켜 고르게 패여 쌓인

윤이 반지르르한 가마솥   소나무 장작더미

소나무 장작더미에 어린 전통 제다법의 실현은 그 다음을 따른다. 게다가 나만의 비법을 감추지 않는 그의 투명성도 반갑다. 전주에서 내처 온 지금의 제다 동반자는 신목 선생을 뛰어넘는 경지에 이르렀단다. 혈연의 대를 잇지 못할 요량이면 이렇게라도 대를 이어야 한다. 나만의 신비주의는 몹쓸 망상에 불과한 우리 차의 현실이다. 우리 차의 대물림은 우리 차에 절실한 과제이기 때문이다.

보련산 광맥의 기운에서 싹튼 찻잎으로 만든 덩어리 발효차는 묵혀 둘수록 웅숭 깊게 우러나는데, 엄지를 치켜세울 맛이다. 게다가 우려낸 찻물을 검지와 중지로 잡은 찻솔(茶筅차선)로 세차게 휘저어 거품을 낸 유차(孺茶)는 매월당의 압권이다. 유차란 본래 이른 봄 잔설 밭에서 돋아난 아주 여린 찻잎으로 만든 고려 때의 으뜸가는 토산차인데, 향기와 맛이 하도 특별해 왕실에서 전용으로 마시던 차였다. 그 유래는 백운 이규보

보련산 야생의 여린 찻잎　　　　　　차를 우려 세차게 휘저어 거품을 낸 유차

의 '운봉에 있는 노규선사(老珪禪師)가 조아차(早芽茶)를 얻어 나에게 보이고 유차(孺茶)라 이름을 붙이고서 시를 청하기에 지어 주다(雲峯住老珪禪師. 得早芽茶示之. 予目爲孺茶. 師請詩爲賦之)'라는 시구에서 비롯되었다. 그런데 신목 선생의 유차는 유차(乳茶)다. 그야말로 어미의 뽀얀 젖같이 목안으로 부드럽게 넘어가는 모성 품은 젖빛 차다. 신목 선생의 유차 한 잔에 생명의 기운이 그득하다.

그런데 골 깊은 매월당 찻집을 찾아가기는 쉬울 성싶지 않다. 그러나 어렵게 찾아낸 만큼 잃었던 차의 낙원을 만난 기쁨은 두둑하다. 찻값 5천 원에 매월당 보련암차 녹차, 홍차, 덩어리차를 골고루 먹어볼 수 있다. 그러다 주인장의 신들린 격불로 솟은 유차를 목안 깊이 넘기는 운수 좋은 날도 만날 게다.

매월당과 보련암차에는 남원의 걸출한 예인들도 한몫한다. 시(詩) '어떤 제다법(製茶法)'으로 불량한 차인을 움찔하게 만든 복효근 시인 외에도 '신

야생 찻잎 따기

가마솥에서 덖음

햇빛에 말리기

발효가 진행 중인 차

매월당' 시리즈의 시를 엮은 김철성 시인은 자칭 남원의 막그림 화가로 보련암차 상품화(商品畵)를 익살스럽고 간결한 필치로 그려냈다. 삐죽이 솟은 소나무가 매월당의 솟대 마냥 보련암차를 수호하고 있다. 그 밖에도 남원의 '매월당을 사랑하는 사람'들은 한국 차의 역사에 남원 차를 매화꽃잎 한 장씩 펼치듯 '보련암차'의 향을 피운다.

우리 차의 시배지(始培地)는 신라 흥덕왕 때 대렴이 당(唐)에서 가져온 차를 파종한 쌍계사 주변이다. 그런데 신목 선생은 남원을 우리 차의 본향이라 한다. 차를 파종한 828년은 흥덕왕의 스승인 홍척국사가 남원에 실

상사를 창건한 해와 같은 이유 등을 들어서라고 한다. 앞으로 우리 차의 근간에 대한 더 깊은 연구와 자료가 밝혀지면 그의 주장대로 남원이 우리 차의 고향이 될 수도 있을 것이다. 이는 우리 차사(茶史)에 큰 선을 긋는 일이다. 〈춘향전〉의 남원, 그리고 〈만복사저포기〉의 매월당 김시습과 남원. 김시습이 550년 되도록 한국인의 가슴에 남듯이, 찻집 매월당과 신목 오동섭의 보련암차 이야기가 한국인에게 오래오래 회자될 또 하나의 신화 '신매월당전新梅月堂傳'을 염원한다.

주소 : 전라북도 남원시 금지면 매촌리 47-34
전화번호 : 1566-7049

단차 만드는 돌 틀

단차를 햇빛에 굽기

항아리에서 발효 중인 단차

단차 발효실

고려 단차

고려 단차를 우린 빛깔

녹차

녹차를 우린 빛깔

홍차

홍차를 우린 빛깔

봄에 내린 눈과 같은 춘설의 찻집

의재미술관과 문향정
聞 香 亭

광주 무등산 기슭에 흐르는 정신을 담아낸, 의재미술관

혀 위로 자르르 감치던 맛에 끌려 삶의 이정표를 그야말로 차의 길, 다도(茶道)로 돌려놓고 걸어온 지 30여 년. 여린 찻잎의 풋내가 태초의 향으로 피어나고, 비늘 같은 솜털이 동동 뜨는 찻잔에 마음을 앗기는 봄이면 차를 좇아 온 오랜 여정이 흐뭇하고 대견하다. 그리고 그동안 마셔 온 찻잔을 끝없이 늘어놓는 상상은 삶의 젖줄과도 같다.

감로, 금성, 반야, 반야로, 보성, 보향, 봉로, 삼신, 설록, 쌍계, 수미, 옥로, 운상, 운향, 유비, 작설, 죽로, 춘설, 화개, 효월 등 우리나라 유수한 차들은 차를 따라온 길에 절대 도반이었다. 나직이 내는 소리에도 차향이 피어 오르고, 달큼한 맛이 절로 감치는 이름이나 차를 따르는 언어들은 미학의 완성이었다.

차 공부를 시작한 청춘 시절은 '아프니까 청춘'일 수 없었다. 말간 연두색 찻물, 초록의 비린 풋내, 숨은 미각을 일깨우던 감칠맛은 이따금 헤집고 들어오는 청춘의 고뇌를 부드럽게 내쳤다. 그렇게 작은 찻잔에 담긴 새 세상에 희열하던 나는 차시(茶詩)에 빠져들었고, 한 줄의 차시에서도 차의 색과 향과 맛은 충만했다. 그러던 중 남송 사람 나대경(羅大經)의 〈학림

무등산 기슭의 삼애다원

옥로鶴林玉露)에서 '춘설(春雪)'이 다가왔다.

松風檜雨到來初 急引銅瓶離竹爐
待得聲聞俱寂後 一甌春雪勝醍醐.

　차병에서 솔바람 불고 전나무에 후드득 듣는 빗소리 나면, 구리 차병을
재빨리 대나무로 엮은 받침대 죽로로 옮겨 놓고, 끓던 물소리가 잦아들
때 정갈한 찻그릇에 차를 만들어, 마시는 한 사발 춘설차는 제호보다 낫
구나.
　나름대로 풀이한 이 시에서 만난 춘설은 다도 입문의 화두였다. 제호보
다 뛰어난 맛의 호기심이나 기대치보다 '춘설(春雪)'이란 생경한 이름에 더
쏠렸다. 춘설은 가루녹차에 이는 뽀얀 거품이 마치 여린 봄에 내린 눈과

무등산 삼애다원 찻잎

같다는, 서정의 표현에만 머물지 않는다. 여린 초록에 내리는 하얀 눈의 지극한 사랑은 인간의 내밀한 본성이다.

　푸른 까치발 세우고 세상에 얼굴을 내민 여린 것들 위로 포근히 내린 하얀 눈이라니…. 얼어붙을 수도, 녹을 수도 없이 여린 생명을 보듬는 얇은 목화솜 같은 사랑이 '춘설'이다. 그로부터 해마다 봄이 오면 관념의 낙원인 춘설을 희망봉으로 삼고, 여린 잎차를 우리곤 했다. 그러던 차에 의재(毅齋) 허백련(許百鍊)과 그의 춘설을 듣게 되었다.

　춘설은 의재 허백련의 하늘과 땅과 사람의 사랑을 실천하는 삼애(三愛) 사상에서 절정을 이룬다. 20세기 우리나라 남종화의 대가인 그는 해방 후 쇠약해진 우리 농촌을 되살리기 위해 농업기술학교를 세웠고, 등급과 차별이 없는, 평등 세상을 향한 무등(無等)의 산기슭에 차밭을 일구었다. 여기서 얻은 차를 '춘설차(春雪茶)'라 이름 짓고 "우리 민족이 차를 마심으로써 정신을 맑게 하고, 맑은 정신으로 판단하여 실천하면 실수를 줄일 수 있다"며 차 문화 보급에 앞장섰다. 떳떳하고 굳센 의(毅), 집이나 호에 붙이는 재(齋), 의재의 뜻에 걸맞은 청빈한 사상가로 실천적 계몽가로 은둔의 삶을 이룬 선생은 우리나라 현대 차문화의 대지(大地)와도 같다.

의재미술관 입구

가장 아껴두었던 보석 상자는 맨 나중에야 열어 보듯, 다도 길 30여 년 만에 의재의 역사를 찾아 나섰다. 설렘을 눈치 챈 듯, 그야말로 춘설이 난분분한 남도 행 다섯 시간 만에 도착한 광주 그리고 무등산. 1980년 이후 청년학도들에게 성지 순례 코스인 '빛고을' 광주는 무등산의 기운을 먹고 산다. 빼어난 경관에 문화와 역사를 품은 무등산은 광주 사람들에게 신앙의 산이요, 어머니 같은 산이다.

광주 그 자체인 무등산의 증심사 짙푸른 계곡을 거슬러 오르니 세찬 물소리 곁에 그림같이 드러난 의재미술관. 의재 허백련 선생은 무등산의 사계를 그림으로 담았고, 그의 정신을 이은 의재미술관은 사계절 변화하

의재미술관 전경

는 무등산의 화폭에 서 있다. 절제된 구도의 노출콘크리트에 나뭇결이 살아나고, 주변 풍광과 어울리는 너른 유리창의 현대식 건물인 의재미술관은 '한국건축문화대상'을 수상한, 건축 그대로가 작품이다. 마침 소장품 기획전인 '춘설헌 아집도(春雪軒 雅集圖)'가 전시된 미술관 내부도 자연 채광으로 눈길을 편안하게 이끌었다.

　의재미술관은 작품 전시나 감상에 머무는 여느 미술관과 다르다. 차를 통하여 민족의 중흥을 꾀한 의새의 징신을 느끼고 실천할, '차하도'들의 차 문화유산답사지여야 한다. 의재의 사상은 미술관을 중심으로 숨은 그림 찾기처럼 모였다. 증심사 뒤편 산자락의 5만여 평 춘설다원은 일본인 오자키가 조선의 아낙이 들고 온 찻잎을 보고 사들인 무등다원을 해방 후

의재 허백련 선생 묘의 비석

의재 선생이 즐겨 사용했던 다기

의재 선생의 유품인 붓

의재 선생의 유품 찻잔

의재 선생이 사들여 가꾸어왔다. 경사진 무등산 기슭에서 하늘을 우러르
고 사람을 굽어보는 차밭에는 맑고 겸허한 기운이 촉촉하다. 미술관에서
계곡 건너 옛 농업기술학교인 삼애헌, 의재 선생이 마지막 30여 년 동안
그림을 그리며 제자를 길러낸 춘설헌, 의재 묘소, 춘설차를 마시며 세상
돌아가는 이야기를 나누던 관풍대 등 그의 자취가 푸른 숲길 곳곳을 따른
다. 그러니 의재미술관은 미술관으로서만이 아니라 의재의 정신을 이어
가는데 중점을 두고 있다.

의재 허백련 선생이 제자들을 길러낸 춘설헌

삼애헌은 춘설차 실습장으로 사용되고 있다.

자연 채광으로 눈길을 편하게 이끄는 의재미술관 차실 전경

향기를 듣는 찻집, 문향정

　　의재미술관에 들어서니 춘설차와 춘설을 담는 찻그릇들이 창 너머 푸른 녹음을 끌어들이고 안쪽 깊숙한 다실에는 등반객 일행이 다담을 나누고 있었다. 녹차, 발효차, 말차, 매실차, 녹차 우유, 발효차 우유가 2천 원에서 3천 5백 원이다. 자연이 그림 같은 곳에서 역사와 문화의 새김질만도 그 값을 어림잡을 수 없을 진데, 찻값마저 '삼애사상'을 나누는 덕이다.

　　미술관 내의 카페는 의재의 찻집이 아니었다. 계곡 건너 숲길에 비스듬한 나무집 '문향정'이 의재의 본래 찻집이다. 농업고등기술학교를 운영하면서 지었던 실습용 축사를, 춘설차 찻집으로 다시 지은 문향정이다. 차를 마시면 정신이 맑아지고, 그 정신으로 세상의 이치를 깨닫고 실천해야

의재미술관에 진열된 춘설차

문향정

우리나라가 올바른 길로 갈 수 있다던 의재의 사상이 배인 곳이다. 건물 앞쪽에 물길과 피고 지는 꽃나무들에서, 생기고 변화하는 자연의 섭리마저 담을 수 있다. 오랫동안 둘러본 많은 찻집들 중에서 '우리나라 아름다운 찻집'으로 꼽을 문향정이다.

그런데 한동안 문을 닫은 문향정이다. 차에 눈을 두지 않는 저간의 사정 때문이리라. 인공의 맛에 길들인 현대인은 자연스럽게 '악마의 유혹' 커피에 이끌린다. 커피를 힐난하자는 말은 아니다. 그러나 여린 찻잎에 내리는 봄눈의 사랑을 어찌 커피에서 느낄 수 있을까. 솔바람 불고 전나무에 후드득 듣는 빗소리를 코끝에 달려드는 커피로 대신할 수 있을까.

차 한잔에서 피어나는 향기는 듣는 것으로, 이른바 문향(聞香)이다. 문향정은 차별 없는 무등의 정기와 춘설의 삼애사상이 시나브로 피어나는 곳이다. 삶의 모서리에 마음을 다친 사람에게 내리는 봄눈 같은 사랑은 연두빛 물든 춘설이다. 춘설의 사랑을 문향정에서 들어볼 일이다. '차학도'라면 반드시 들러야 할 우리나라 차문화 답사 코스가 의재미술관이고 문향정이다.

주소 : 광주광역시 동구 운림동 81-1
전화번호 : 062-222-3040

문향정 내부

🍎 의재미술관라 문향정 차림표

냉차와 온차 : 녹차, 발효차, 말차

기타 : 매실차, 원두커피, 발효차 우유

전주의 차 뿌리 깊은 풍류 찻집

다문

茶 門

콩나물국밥의 원조, 전주

전주에 가면 다문(茶門)이란 찻집이 있어

그 쥔장은 야생차를 고집하는데

그 냥반 따라 순창 회문산 야생차를 따러갔다

여린 찻잎 다시 말하면 차의 잎

차의 입, 차의 입술

햇살과 바람과 이슬을 마시는 차나무의 입을

그 야들야들한 갓난아이의 입술 같은 찻잎을

잔인하게 또옥똑 따는 것을 보고

다시는 차를 마시지 않으리라 생각했다

그 어린 잎순들을 달구어진 가마솥에 넣고 덖어서

꺼내어 덕석 위에 쏟아놓고

손으로 부벼서 찻잎에 상처를 낸다

찻물이 잘 우려 나오게 하기 위함이리라

그러기를 아홉 번이라

아아 잔인하고 모진 제다법이여

다시는 차를 마시지 않으리라 생각했다

그렇게 완성된 차를 시음해보시라

갓 만든 차를 다관에 담고 물을 붓자

영영 죽어버린 줄 알았던 찻잎들이

잘 익은 물 속에

제가 마신 회문산의 하늘과 구름과 바람을

다 풀어내 놓는데

아홉 번의 가마솥 모진 연단을 연록색 향기로 빚어내 놓는데

그리곤 아무 일 없다는 듯

애초 나무에 매달렸던 그 형상으로 돌아가

물고기처럼 다관 속에 노니는데

그 차를 마시고도

그 찻잎의 흉내를 한 자락이라도 내지 못할 량이면

이승에서건 저승에서건

다시는 다시는

차를 마시지 않으리라 생각했다.

　─ 복효근, '어떤 제다법(製茶法)'

햇차가 나올 무렵이면 품평을 겨루어 낸 명차 소식을 듣는다. 차는 마른 찻잎의 모양, 무게, 빛깔, 향, 찻물의 맛과 색 등으로 품평한다. 그렇지만 차를 우려낸 뒤에도 찻잎이 다시 태어난 듯 생생한 원형을 가져야 명차로 꼽을 수 있지 않을까. 좋은 차를 고르는 심사위원이나 좋은 차를 먹고 싶은 이들에게 복효근 시인의 시 '어떤 제다법'은 차를 고르는 관념의 기준이 될 것이다. 찻잎의 상처와 모진 연단을 바라보다 끝내 찻주전자에서 다시 살아난 물고기 같은 찻잎의 흉내는 내어봐야 하지 않는가. 제다의 과정을 통해 삶에 부단한 용기를 돋우는 영성적인 시, '어떤 제다법'의 궤적을 찾아 나섰다.

새벽부터 여기저기 콩나물국밥집이 북적이는 전주. '삼백집'은 삼백 그릇만 판다는 데서 이름 붙은 전주 콩나물국밥집의 원조 격이다. 오래전

삼백집 전경

여기를 찾은 고(故) 박정희 대통령에게 "이놈아, 누가 보면 영락없이 박정희인 줄 알겠다. 그런 김에 계란 하나 더 처먹어라"던 욕쟁이 할머니의 일화가 유명하다. 싱겁고 밍밍한 키 큰 서울 콩나물과 달리 가늘고 짧은 콩나물이 고소한 맛의 비결이다. 도톰한 날계란 하나 얹은 뜨거운 국밥 뚝배기에 소고기 장조림, 새우젓, 잘게 부서뜨린 구운 김을 넣어 먹으면 제대로 진미에 든다.

'손님이 주무시는 시간에도 육수는 끓고 있습니다'라고 큰 간판이 붙은 왱이콩나물국밥 집은 왱이, 엥이, 윙이, 웽이, 앵이, 왕이라는 특허 받은 이름처럼 맛도 별났다. 잘게 썬 오징어 해물 맛의 콩나물국 뚝배기에 밥 따로 계란 따로 낸 왱이콩나물국밥이다. 계란 반숙에 양푼이 김치를 길게 찢어 걸쳐먹으면 사람들이 왱왱 모여드는 까닭에 수긍된다. 후식 튀밥을 한주먹 먹으며 나서는 관광객들. 그런데 삼백집, 왱이콩나물국밥집 말고도 남부시장의 현대옥은 전주 사람들이 참맛으로 찾는 국밥집이란다. 맛의 비밀은 물에 있다. 콩나물 맛을 키워낸 전주천에서 전주의 또 다른 물맛을 우려낼 찻집 '다문'으로 발길을 돌렸다.

삼백집의 콩나물국밥

왱이콩나물국밥

만경강으로 흐르는 전주천과 오래된 다리

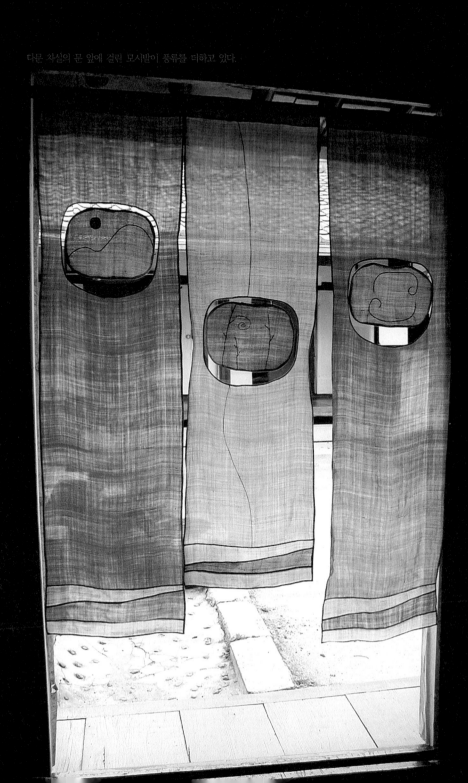

다른 차실의 문 앞에 걸린 모시발이 풍류를 더하고 있다.

전주의 풍류와 어우러지는 찻집, 다문

'다문'의 주인장 박시도 씨는 교동 한옥마을이 지금처럼 단장되지 않았던 10여 년 전, 전주 시민을 위한 차의 문을 열었다. 차 우리는 품이 편안한 박씨는 "차나무가 여러 나무와 함께 살아가는 것을 지켜보듯이 차를 만들 때도 그들의 건강하고 더불어 하는 삶을 제다에 연결시킨" 것이 다문의 차란다. 그의 차밭에는 참나무, 소나무, 대나무들이 차나무와 더불어 자란단다. 다양한 문화가 함께 어우러져야 차에 드리운 벽을 깰 수 있다는 말이다. 박씨의 말처럼 '다문' 초입에는 문화계 소식이 벽보가 되었고, 안마당은 공연장이 된단다.

하동을 비롯해 보성, 순천 등지만 우리나라의 대표 차밭으로 알고 "전라북도에도 차밭이 있다고?" 눈길조차 주지 않았던 그간이었단다. 순창

다문 찻집 입구

다문 차실

회문산, 섬진강 상류의 강경, 정읍, 김제, 고창을 돌아다니며 전북의 차밭
찾기와 차나무 기르기, 차 만들기에 오랜 애정을 쏟아온 박씨는 전주의
차야말로 한국의 차라고 힘주었다.

　"만들어진 차를 품평하는 것도 중요하지만 차가 자라는 숲을 가봐야
합니다. 얼마나 건강하게 자라고, 그 차를 어떻게 만드는가를 지켜봐야
차의 진정한 품평이 되는 것이지요."

　박씨는 보성이나 화개의 단장된 차밭을 둘러보고 온 사람들이 순창 등
지의 어질러진 차밭에 실망하는 것을 보았다. 하지만 다문의 야생 차밭은
한데 어우러지는 데 그 귀함이 있다. 그는 《세종실록지리지》,《동국여지
승람》 등의 고증이나 지역민들에게 수소문해가며 고창, 정읍부터 전북 지

역의 차 자생지를 20여 년 간 찾아다녔다. 그러다 보니 전북의 지형적 특성으로 차의 질이 뛰어나다는 것도 알게 되었다. 차로 시작했으니 차로 맺어야 하고 아무리 어려워도 누군가 해내야 하는 것이 그를 끝내 차 생산자로 나서게 한 것이다. 인간의 욕심보다 자연에 중심을 두다 보니 '어떤 제다법(製茶法)' 같은 명시가 빚어진 게 아닐까.

대중화되지 못한 차를 다양한 문화와 어울림 터로 만든 '다문'에 모인 사람들은 차밭을 둘러보고 차 한잔에 기울이는 공과 성을 알아갔다. 고집대로 '다문차(茶門茶)'를 만들고, 오목대의 자생차도 함께 시음하게 하는 박 씨는 지역 삶을 한층 더 높였다. 사람살이에 차 하나로 채울 수 없듯이 전주의 차는 전주의 풍류와 이루어진다, 곁드는 안주인 정정숙 씨가 강경산

다문의 주인장

발효차를 건넸다. 눅진한 다갈색에 뿌리 깊은 풍류가 스민 달큼한 황차다.

조선의 태조 이성계가 전주 이씨 종친회에서 새 왕조 건립 계획을 밝힌 오목대 길목에는 한옥체험관 양사재가 있다. 방구들 덥히는 연기가 부드러운 뒤뜰에 오목대 차밭이 비탈을 타고 오른다. 지금은 누구나 온돌방에서 묵을 수 있지만, 전주의 향교로 문을 연 양사재는 훗날 가람 이병기 선생의 전북대학교 문리대학장 관사였다. '차나 먹고 살까나', 가람 선생의 시구도 오목대 차밭에서 나오지 않았을까. 더불어 하는 사람이 아름답듯 여러 나무와 어우러진 오목대 찻잎은 그래서인지 유난히 육질이 두텁고 반질거렸다.

전주의 향교로 문을 연 양사재는 지금 한옥체험관이다.

양사재의 뒤에 오목대 숲이 있고 차밭이 있다.

해질녘의 전동성당. 사적 제288호로 비잔틴 양식과 로마네스크 양식을 절충한, 우리나라에서 가장 아름다운 성당이다. "사랑은 전부를 걸어야 합니다. 전부를 주어야 전부를 가질 수 있지요." 미사 중에 신부님의 강론처럼 다문의 주인장 내외는 전주 사람의 향과 멋과 맛을 우려내려고 오늘도 그들의 전부를 걸고 있다.

전동성당

"'차(茶)'가 '도(道)'에 이르거나 혹은 그 자체로 '도(道)'라고 일컬을 수 있다면 '시(詩)'도 사람을 참답게 하는 그 무엇이어야 한다." 다문에서 만난 복효근 시인은 다인이 이르러야 할 길을 일러주었다. "뜨거운 불에 덖어 잔인하게 단련한 여린 찻잎을 인간이 음용하면, 그에 값하는 행동을 해야 한다는 생각을 했었습니다. 제 시(詩)가 그런 경지를 흉내낼 수 있으면 좋겠습니다."

지금껏 차 이야기를 전하면서도 찻잎의 흉내를 한번이라도 제대로 내기나 했던가. 오랜 차의 길을 반추할 때, 성당의 종탑에 불이 밝히었다.

주소 : 전라북도 전주시 완산구 교동 82-3
전화번호 : 063-288-8607

녹진한 다갈색에 뿌리 깊은 풍류가 스민 달큼한 황차

생생하게 살아난 찻잎

소쇄원 옆 명가 찻집

명가은

茗 可 隱

초록이 그리울 때 떠나는 곳, 담양의 죽녹원과 소쇄원

가끔 자유분방한 몽상에 빠져드는 일은 강파른 삶에 느린 쉼표를 찍는 방법이다.

하늘을 찌를 듯 높고 빼곡한 대숲을 휘이 휙 요리조리 날아다니는 영화 속 주인공이 되는 망상도 즐거운 살아내기 비법이다. 걸리버 여행기까지 갈 것도 없다. 거인국의 나무꾼이 땅을 쿵 쿵 울리며 걸어와 이 나무 저 나무를 한 손으로 블록 맞추기 하듯 길을 내는 공상에도 가슴 한편에 서늘한 웃음이 일렁인다.

몽상, 망상, 공상에서 너무 멀리 떨어져 있고, 사는 일이 마른 먼지 풀풀 날릴 정도로 팍팍하다면 동화의 세계로 느린 여행을 권한다. 가슴팍이 아무리 메마르다 해도 겉치레 같은 허물을 들추어내면 누구에게나 반짝이는 보석이 있게 마련이다. 그러기 위해서는 숨은 본성을 일깨우고 선한 불씨로 일궈주는 동심의 이야기로 잃었던 미소를 찾아 거슬러 봐야 한다. 동화는 너무 유치하고 뻔하며 별 읽을거리도 없다며 입꼬리에 잔뜩 힘이 들어간 어른들. 그런데 그 뻔한 이야기조차 까마득히 잊어버린 어른은 오래전 자신의 얼굴에 뭉게구름같이 피어나던 웃음을 잃어버리

죽녹원의 대나무숲

고, 불행하다는 푸념만 담배연기 속에 뿜어대고 있다. 장난감집이나 인형으로 박아놓은 인공랜드는 스쳐 지나는 한순간의 추억일 뿐이다. 오목조목한 자연이 너르고 깊을 때 상실했던 유년의 판타지를 제대로 찾을 수 있다.

잃어버린 동화의 세계가 점점이 펼쳐진 곳이 담양이다. 초록은 상실한 동심을 불러다준다. 그리고 안도의 한숨을 내쉬게 하는 색의 원형이다. 초록이 지쳐 단풍 든다 해도 담양의 초록은 지치지 않는다. 사각사각, 댓잎 훑는 바람소리가 푸르게 넘실대는 대나무 고장 담양은 설령 무릎까지 눈이 쌓인다 해도 초록의 기개가 하늘을 찌를 위용이다.

죽녹원의 차나무

담양 대나무의 본좌 담양읍 향교리에서 첫 장을 열어보자. 조성된 지 10년이라 하나 10년은 짧은 숫자에 불과하다. 옛날 아주 오랜 옛날에…, 할아버지의 이야기보따리가 펼쳐질 듯 아득한 세월 속에 울창한 대숲을 일궈온 죽녹원에서 시작이다. 입구의 계단에서 한숨 깊이 들이 쉬고 운수대통 길, 죽마고우 길, 철학자의 길, 선비의 길, 사랑이 변치 않는 길, 성인산 오름 길, 추억의 샛길 등 대숲에 걸맞은 이름의 길을 걷다 보면 산책자의 몽상 속에 몸속 붉은 피가 초록의 선혈로 수혈되고 있음을 알아챈다. 게다가 높다란 대숲이 하늘을 찔러 길게 뿜어 내린 햇빛에 샤워하면, 씻긴 몸은 점점 부풀어 공중부양의 착각마저 일게 된다.

하늘에 닿을 초록이 어디 대나무뿐이랴. 순창에서 담양으로 이어지는 20리 메타세쿼이아 가로수 길은 거인국으로 들어가는 판타지 로드이다. 얕은 담장을 에우던 소박한 우리 나무가 아니다. 회색에 짓눌렸던 고개를 뒤로 젖히고 움츠렸던 어깨를 쫙 편 채 두 팔을 씩씩하게 흔들며 걸어가게 하는 마법의 초록 동굴이다. 백파이프 연주 소리에 맞춰 멋지게 차려

소쇄원 제월당

입은 거인국 근위대의 엄숙한 열병식에 짐짓 배를 내밀고 뒤뚱뒤뚱 걸어
봄직 한 길이다.

 그런데 어디 뜻대로만 되는 세상이던가. 그럴 때 찾아들만한 담양의 별
서정원(別墅庭園)이 있다. 조선 중종 때 은사인 조광조(趙光祖)가 유배되고 세
상을 떠나자 자연 속에 숨어 살기 위해 양산보(梁山甫)가 꾸민 소쇄원(瀟灑
園)이다. 대나무 숲으로 이루어진 들목에서부터 광풍각을 넘나드는 바람
소리, 계원의 오곡암과 계류로 이어지는 물소리, 제월당의 하얀 달빛 정
원에서 은일의 군자가 거닐던 자취를 따라 느릿한 행보는 뜻대로 되지 않
는 세상에 설 자리를 견고히 다지게 한다.

담양의 메타세쿼이아 길

소쇄원의 매력에 빠져 자리 잡은 찻집, 명가은

하루가 모자라는 판타지 월드에서 현실로 돌아오는 길목에는 한 잔의 차를 두어야 한다. 차 한잔은 들뜬 숨을 고르게 하고, 지혜로운 용기를 불러다준다. 밥집은 밥만 맛있어도 된다. 그런데 찻집은 주인의 품격이 고스란해야 그 취향을 따라 객이 찾아든다.

담양에서 숨을 고를 찻집은 웬만한 여행객은 다 아는 찻집의 명가(名家)다. 품격을 차려입은 객이 내밀하게 찾아드는 담양의 명가 찻집은 이름도 고운 '명가은(茗可隱)'이다. 소쇄원에서 전라남도 교육연수원을 지나 담양군 남면 연천리 487 반석마을, 찻집이 있다는 것이 믿기지 않을 외진 곳에 명가은이 마을의 보석으로 자리하고 있다.

30년 전 일이 있어 담양에 왔던 김정자 씨는 소쇄원의 매력에 빠지게

명가은 입구

되었고, 그 후 서울에서 담양으로 드나들면서 아담한 농가 한 채를 들여 보금자리를 틀었다. 그리고 담양 사람이 되어 담양의 차문화 교육기관에서 차를 배웠다. 당시는 이론 위주로 교육을 받다 보니 차를 내는 예절, 행다례(行茶禮)를 스스로 연습해야 했다. 그런데 마땅한 공간이 없던 회원들과 자신의 농가에서 연습을 했다. 그러면서 차실 형태로 조금씩 개조해서 지금의 찻집이 된 것이다. 군불을 때고, 전등을 밝히며 함께 연습하던 회원들은 전기세나 연료비를 건넸으나, 극구 사양하자 반닫이 위에 슬그머니 두고 간 것이 오늘날까지 찻값 5천 원으로 남은 주인의 착한 뚝심이다. 그렇게 차 예절 공부를 위해 시작한 차실이 입소문 나면서 지금은 연중 하루도 문을 닫아걸 수 없는 담양의 명소가 되었다.

정자, 복자, 영자… 자(子) 자 돌림의 이름이 너무 흔해 스승이 붙여준 호 가은(可隱)에 차를 뜻하는 명(茗) 자를 붙여 찻집의 문에 붙였다. 가은 김정자 씨가 함께 연습하던 회원에게 차를 베풀 듯, 지금까지 차를 먹고자

명가은 뜨락

명가은 차실

하는 객이 편하게 차를 마실 수 있도록 섬세한 배려가 배인 찻집이다.

　토담을 두른 대문에 서면 돌계단 몇 개 너머로 안채가 훤하다. 냉큼 차실로 들어서기 전에 정갈한 잔디 마당부터 천천히 고개를 돌리면 계절 따라 피는 꽃무리가 작은 바윗돌이나 장독 사이에서 인사를 건넨다. 소나무 그늘에 앉아 다기나 소품을 파는 사랑채, 격자무늬 문이 인상적인 작은 차실, 큰 차실, 차실 곁의 해우소까지 어디부터 들어가야 할지 뜸을 들이게 된다. 마당 가운데 주인의 살림채 오른편에 있는 차실은 덩굴 식물이 너른 칭민 빼놓고 벽을 가렸다. 이 한 장면에서라도 선뜻 찻집의 명가임을 가늠할 수 있다. 창을 통해 안을 기웃거리면 내실 정경이 따사롭다. 이윽고 들어선 차실 본채는 오래전 농가를 나눈 방 두개에 고매한 주인의 취향이 그윽하다.

차림표는 녹차와 황차 딱 두 가지다. 다른
메뉴는 없냐고 아쉬워하는 손님들로 몇 가지
차를 메뉴에 얹을까 궁리 중이란다. 그런데
마실거리를 찾아다니는 필자의 소견으로는
발효가 되지 않은 녹차와 발효가 알맞게 된
황차의 차림표로도 충분하다. 두 가지 차에
따라 나오는 소담스런 시루떡을 쫄깃쫄깃 곱
씹으면 차 맛도 떡 맛도 감친다. 간결한데서
절대 진리가 나오듯이 여러 차를 두고 선택
해야 하는 번잡스러움이 없어 좋고, 다갈색
의 녹차와 토담색이 깊은 황차의 호기심을
명료하게 풀어내니 다담(茶談)마저 진솔해서

명가은 내부

이 또한 좋지 않은가. 그리고 고운 어머니를 닮은 따님이 차려주는 단아
한 차 차림과 한 송이 꽃이 연출하는 여백의 아름다움, 세밀한 소품들은
길손의 안목을 높인다.

먼 길 돌고 돌아온 보람을 안기는 명가은의 차 한잔이다. 몽상, 망상,
공상을 녹여낸 혜안의 맛으로 지혜와 용기를 품고 다시 나의 둥지로 돌아
갈 채비를 한다. "차 한잔 잘 마시고 쉬었다 갑니다." 명가의 오랜 전통인
반닫이 위에 얹어둔 찻값에 '언제든 또 다시 와서 차 한잔 편안히 마시고
가라'는 안주인의 담담한 음성이 들리듯 했다. 끽다래(喫茶來)하고 끽다거
(喫茶去)할 찻집의 명가 명가은이다.

주소 : 전라남도 담양군 남면 연천리 487
전화번호 : 061-382-3513

한땀 한땀 수놓은 명가은의 자수 소품

찻값은 반닫이 괘 위에 슬그머니 두고 간다.

잘 차려진 황차 찻상

차실에 마련된 개수대

광릉 숲에 숨은 토담 찻집

봉선사 차 이야기
奉　先　寺　　茶

광릉 수목원 가는 길의 큰 사찰, 봉선사

여진족을 소탕하며 북방을 개척했고, 둔전제를 실시하여 국토의 균형 발전에 힘을 썼던 왕. 궁중에 잠실을 두어 비(妃)와 세자빈으로 하여금 친히 양잠을 권장케 했으며,《사시찬요》등의 농서를 간행하여 농업을 장려한 왕. 인재를 등용하여《국조보감》,《동국통감》등의 사서와, 국초 이래《경제육전》등의 법전과《경국대전》편찬의 치적을 가진 왕. 떨어진 왕권을 강화해 나라의 기반을 다지고 높은 통치력을 가진 왕.

이런 찬사가 먼저 나서는 왕인가. 아니면 세종의 둘째 아들 수양대군으로 계유정난의 주역인가. 열두 살 어린 조카 단종을 폐위하고, 친형제인 안평대군마저 사사해 인륜을 저버리면서까지 왕위를 노린 자인가. 사람의 목숨을 틀어쥔 '살생부', 성삼문 등의 '사육신', 김시습 등의 '생육신'이라는, 다시는 있어서 안 될 폭거의 군주인가.

하늘이 내린 핏줄, 혈연은 하늘 아래 둘도 없이 모든 것에 앞서는 우리 민족이다. 그리하여 하늘의 뜻을 하얀 옷으로 마름질한 백의의 민족이다. 세조가 된 수양대군이 설령 국력의 눈부신 발전을 이루었다 하더라도, 내 몸과 같은 형제와 조카의 피를 본 반인륜의 사건은 그 어떤 치적도 덮을

봉선사 가는 길의 느티나무

수 없는 상처의 역사다. '하늘이 두렵지 않느냐' 대성일갈할 잔혹사는
500년 넘도록 경계의 가르침에 서 있다.

크낙새가 살고 있는 골 깊은 경기도 남양주시 진접읍 광릉 수목원 길.
발길 닿는 대로 사박사박 소리 내는 하얀 모랫길의 광릉이다. 왕릉 가는
길섶, 군데군데 드러누운 나무에 두터운 이끼가 원시림을 가장하고, 어둔
숲에는 500년 역사를 지켜온 송림이 하늘을 향해 묵언 수행 중이다.

조선의 제7대 왕 세조. 한낮은 통치자로 한밤은 악몽에 시달렸던 그는
생전에 이곳을 자신의 능터로 정했다. 그 후 풀 한 포기조차 함부로 뽑을
수 없이 500여 년 보호된 울창한 숲이다. 숲 벌레 소리만 하늘을 찌르는
엄숙한 기운이 홍살문을 거쳐, 같은 산줄기에 좌우 언덕을 달리한 세조와
그의 비 정희왕후 윤씨의 능에까지 이른다.

세조릉

정희왕후릉

광릉의 큰 사찰 봉선사(奉先寺). 어쩌면 그보다 우리나라 가수의 지존, 조용필이 기자 몇 명 앞에서 결혼식을 올린 곳으로 세간에 더 큰 관심을 끌지 않을까.

봉선사는 원래 고려 광종 20년에 법인국사 탄문이 창건한 운악사였다. 정희왕후가 광릉에 누운 남편 세조의 지복사로 정해 봉선사(奉先寺)라 하고 89칸으로 중창했다. 왕후의 손길이 닿은 사찰답게 여느 절과 다른 양식과 규모다.

양쪽으로 난 솟을대문을 중심으로 담을 두른 여러 칸의 방들과, 마당 건너 돌계단 위 봉선사 현판을 단 큰 당우가 대갓집 같은 풍모다. 우리나라 최초의 한글 서체 현판이 걸린 일주문과 큰 법당, 그리고 6·25전쟁 때 전소되었던 상흔을 기억하라는 뜻에서인지 큰 법당 앞마당에 걸린 높은 태극기가 낯설고 정겹다. 법당을 돌아내리면 범종각과 범종루가 나란하고, 보물로 지정된 대종에도 6·25전쟁의 상처가 남아 있어 세월 깊은 역사의 현장인 봉선사다.

한글 현판으로 된 봉선사 일주문

봉선사 현판을 단 당우

봉선사 전경

청사초롱 아래 연의 축제가 창문 가득 펼쳐졌다.

차나 한잔 들고 가게, 봉선사 찻집 '차 이야기'

마침 봉선사에는 청사초롱이 연꽃축제의 길을 터고 있다. 너른 연못은 녹어들고 드물게 피어난 백련, 홍련 송이 위로 잠자리도 푸르르 날개를 접는 땡볕이다. 양산을 펼쳐든 축제의 행객은 연못 위를 잠시 거닐다 그늘로 찾아드는데, 우거진 나무 그늘아래 찻집이 그림같이 드러났다. 숲 속 깊은 곳 파란 스머프들이 모여 사는 버섯집 같기도 하고, 백설공주의 일곱 난쟁이가 머물기라도 할 야트막한 토담에 그물지붕을 인 앙증맞은 찻집이다.

선뜻 들어서다 내 큰 키가 천장에라도 닿을까 주변을 서성이는데, 지나 던 스님 일행이 인사를 건넸다. 스님의 온 얼굴에 가득한 웃음이 그늘보 다 선선하다. 걸을 때마다 장삼이 휘적거리게 후리후리한 스님 한 분이

야트막한 지붕에 그물지붕을 인 모습이 독특하다.

고개를 숙이고 들어서는 품에 내 키는 거뜬히 입장되겠다. 구름 아래 작은 꽃들이 피어나고, 나비가 날아다니는 오렌지 흙벽을 지나 하얀 문으로 들어섰다.

'큰스님께 도를 물으니', '차나 한잔 들고 가게'. 익히 알려진 조주선사의 글귀가 지붕 아래 걸렸기에, 도까지는 아니라도 차의 사유를 품으려니 기대를 건 찻집 '차 이야기'다. 그런데 웬걸. 이건 도심의 전원주택형 커피하우스가 아닌가. 문을 들어서자 눈높이에 맞닥뜨린 메뉴판에는 커피와 스무디, 주스의 일색이다. 몇 달 전에 문을 연 찻집으로 이름도 '차 이야기'인데, 이쯤이면 '커피 이야기'로 개명해야 하지 않을까. 그러고 보니 대문가에 찻집 이름표 '차 이야기' 위로 커피, 생과일전문점이라는 알림판이 붙어 있긴 했다. 애써 주목하고 싶지 않았던, 불협한 문구였음이리라. 우리나라 구석구석 괜찮은 찻집을 찾아 환호하던 감탄이, 밀린 빙수

봉선사 '차 이야기' 찻집에 걸려 있는 현판

봉선사 '차 이야기' 찻집 내부

주문으로 부단히 갈아대는 이곳 얼음마냥 얼어붙었다.

그래도 사찰의 찻집이고, 연꽃 축제를 떠들썩하니 걸어놓은 경내에 있으니 연꽃차 정도는 주 메뉴가 되어야 하지 않을까. 그나마 차림표에 있는 연잎차를 주문했으나, 연잎에 연자나 연대 말린 것들이 섞여 있다. 차라리 연차라는 담박한 이름이 나을 성싶다.

커피가 음료 시장을 장악하고, 버라이어티한 커피가 속속 개발되는 저간의 흐름을 사찰에서도 따를 수밖에 없는 현실인가. 성당이나 교회의 괜찮은 찻집에는 그리스도교의 전통인 양 서양 음료가 온 차림이고 우리 차는 어쩌다 구색 갖추기에 그칠 뿐이다. 사찰의 찻집만큼은 흥행이 안 되어도 그야말로 '차나 한잔 들고 가게' 하면서 우리 차로 '큰스님의 도'를 깨우치기를 바랐다. 이조차도 찻집에 대한 너무 외골수적인 고집일지… 외

창문 밖으로 연꽃 축제를 바라보는 여유가 있다.

려 동과 서의 피안을 서로 나눔은 어떨까. 성당에서 우리 차의 영성에 젖고, 사찰에서 서양 음료로 수행하는 도(道)의 컨템퍼러리 같은 것 말이다.

생뚱한 상상과 우리 차에 대한 미련으로 씁쓸한 표정을 지었음인지, 주방에서 얼음덩이를 가져온 직원은 직접 만든 연잎차라며 방그레 웃는다. 따라 웃다가 뜨거운 연차를 얼음덩이로 달래고 찻집 내부에 눈길을 돌렸다. 다독이듯 시선을 두려니, 출입문 맞은 편 커피 메뉴판과 케이크, 쿠키가 진열된 유리장 외에는 구석구석 차 이야기가 숨어 있다.

주방 옆 작은 토방에는 파안의 인사를 건네던 스님이 댓돌에 고무신 벗어둔 채 찻잔에 기울었다. 두터운 흙벽을 사이로 휑한 차실은 오래전 광으로 썼는지, 문짝 고리 틈새는 파란 스머프가 드나들도록 헐겁다. 큰 홀로 넘어오면, 격자무늬 창에 드리운 차 이야기 풍경은 메뉴에 아랑곳없이 정겹다. 에어컨 바람에 흔들리는 둥근 지등 아래 함지박 같은 탁자도 전통찻집의 구색을 갖추었다.

그러고 보면 이 찻집의 압권은 청사초롱 아래 연의 축제가 창문 가득 펼쳐진 전경이다. 바깥의 뙤약볕과는 별세계로 신선놀음이 진한 명당이다. 창밖 느티나무 그늘에서 일행이 매달린 팥빙수마저 외딴 세상이다. 연꽃 마당이 한 폭으로 펼쳐진 창가 자리는 빌 새가 없다. 이래서 툭 트인 전망이나

얼음을 띄운 연차

전경은 차 맛을 능가하는 찻집의 으뜸 조건이리라.

　얼음 띄운 연차에 빨대를 꽂고 연꽃의 축제장으로 나섰다. 사람들은 의식주라는 생존의 본능에 음료라는 호사를 더하며 역사를 이루어왔다. 물로 만든 마실거리에 숨은 이야기는 문명과 함께 걸어온 인간의 장대한 서사다. 차 한잔에 숨은 이야기는 인간의 희망이었다. 역사를 품은 사찰이 세상에 들려줄 '차 이야기'가 커피든 우리 차든 희망을 품는 찻집이기를 소망한다. 연잎이 코끼리 귀같이 펄럭이는, 얕은 바람이 일었다.

주소 : 경기도 남양주시 진전읍 부평리 255
전화번호 : 031-527-1951

🍵 봉신사 찻집 차 이야기 차림표

차 : 카모마일, 루이보스 슈가플럼, 페퍼민트, 얼그레이, 유자차, 모과차, 연잎차, 우롱차

먹을거리 : 케이크, 쿠키

젊은이의 양지와 같은 찻집

시인과 농부
詩　人　　　農　夫

정조의 효심으로 쌓은 성, 수원화성

뽕나무 밭이 어느새 푸른 바다로 변하는 상전벽해(桑田碧海) 세상이다. 며칠 새 강변에 높은 아파트가 말뚝처럼 박혀 있고, 신천지를 열어주던 스마트폰도 하루가 다르게 새로운 버전을 내놓는 요즈음이다. 과장되게 말문을 열었지만 의식주의 변화 속도가 피부 결을 세차게 스친다.

낮은 산과 구릉이 베어지고, 간척사업으로 만든 대지에 마천루의 신도시가 동에 번쩍, 서에 번쩍 서고 있다. 신도시란 계획해서 만들어진 도시다. 1898년 영국에서 처음으로 신도시에 대한 구상이 발표되었고, 제2차세계대전이 끝난 1946년부터 땅을 고르고 기둥을 세우기 시작했다고 한다. 그런데 이보다 150년이나 앞선 신도시가 우리나라에 있었다.

유네스코 세계문화유산으로 지정된 수원화성이다. 화성 건설은 정조의 철학을 받든 정약용이 기본 설계를 맡고, 좌의정 채제공과 화성유수 조심태 등이 힘을 모아 이룩해낸 조선 후기의 최내 건설프로젝트였다. 정약용은 동서양 축성술을 한데 모아 거중기, 녹로 등의 장비를 직접 고안해 거대한 석재를 옮기며 1794년에 착공, 2년 후 완공했다.

당대 최고의 건축인 화성에는 겉으로는 정조가 아버지 사도세자의 묘를 좀 더 가까이에서 보살피고자 하는 효성이, 안으로는 나라를 재편하려는 개혁의 의도가 담겨 있었다. 한편 화성 건축으로 이사해야 하는 백성과 현장 인부에게 충분한 보상과 품값을 내리어 백성의 마음을 달래던 성군의 측은지심도 함께 축조되었다. 그러니 자연을 존중하며 건설한 도시에 자연과 한 몸을 이루는 건축인 화성은 우리나라 성곽 건축사에서 가장 과학적이며 독보적인 건축물이 아닐 수가 없으리라.

가끔 '그때 그랬더라면, 지금은 어찌 되었을까.' 석연치 않은 역사의 장면들로 고개를 갸웃거릴 때가 있다. 정조대왕의 미스터리한 죽음이 그렇다. 만일 정조의 개혁 의지와 정약용의 실학이 오랫동안 합세했다면 조선 후기의 개혁은 순조롭게 이루어졌을까. 그리하여 조선 후기 문화의 황금기가 지금에까지 그 빛을 드리웠을까. 화성 방향의 이정표가 가까이 다가오자 정조와 다산을 향한 애틋한 그리움이 일었다.

수원화성의 정문인 장안문

수원화성의 팔달문

　팔달산을 중심으로 산성과 시가지를 이룬 평산성인 화성에 들어서는 장안문(長安門)에 이르렀다. 팔달문, 창룡문, 화서문과 함께 사대문인 장안문은 임금이 계신 북쪽 한양을 향해 세워진 화성의 정문이다. 한양의 높은 성곽과 달리 자연을 거스르지 않은 채, 안온하면서도 화려하고 위풍당당한 풍채다. 반원형의 성벽인 옹성을 따라 버스와 차들이 달리고, 화성의 출입문을 통과 의례하는 외국인들의 보행이 엄숙하다. 장안문을 지나 남으로 5분을 더 달리면, 버스와 택시가 앞뒤를 다투는 팔달시장 가에 화성의 남문 팔달문(八達門)이 200여 년의 세월 속에 의연하게 서 있다. 세월의 유속은 빛과 같이 빠르지만, 오랜 역사의 현장에 선 화성 사람들은 다시 빛의 속도에 얹혀 또 한 장의 역사를 일구는 중이다.

　상전벽해의 세상은 새것을 따라잡기에 숨이 가쁘다. 하루가 멀다 하고

수원화성의 성곽

'창조'를 내세운 '새것'을, 그것도 '신속한 창출'의 요구로 지친 현대인이다. 그런데 아무리 화려한 치장을 입어도 오래된 것의 풍미가 버텨야 지치지 않는다. 매일 밖에서 끼니를 해결해야 하는 직장인들이 점심시간이면 '묵은지' 집으로 주르르 달려가는 것도 새것에 지친 의중의 표현이다. 오래된 것은 물리지 않는다. 겉절이의 쌈박함도 묵은지의 깊은 맛을 따르지 못한다. 살만큼 살아온 사람들은 괜찮은 새것은 오래된 것을 품고 있다는 진실을 안다. 사유하는 청춘은 오래된 것이 구닥다리라 폄하지 않는다. 새것을 만들어가야 할 사명을 지닌 젊은이는 노인의 혜안을 엿본다. 오래된 섯은 순간의 이야기를 역사로 품는다. 그래서 대를 이어가는 전통에 기웃거리게 되는 것이다. 그게 전통문화의 시작이자 본체이다.

오래된 묵은지 같은 찻집, 시인과 농부

"그 집 꼭 가보셔요. 감자가 맛있어요."

10년 전 '감자꽃'이란 별호를 가졌다가 지금은 '가드너 김씨'로 정원을 디자인하는 제자가 꼭 가보라, 권하던 찻집이 화성에 있다. 묵은지처럼 물리지 않는, 전통문화로 깊숙이 자리 잡은 수원의 명소 '시인과 농부'다.

수원성의 정문 장안문과 남문 팔달문 사이 낮은 건물들로 에워싼 수 갈래 길에 '시농'은 쉬이 눈에 띄질 않는 골목에 있다. 순대국밥집, 모텔, 철학관 등이 늘어선 골목길에 나팔꽃덩굴이 벽을 타고 오르는 찻집 '시인과 농부'는 '시농'으로 불리는 젊은이의 아지트다.

커피하우스에서는 도저히 건질 수 없는, 묵은지 같은 찻집 '시농'의 전통은 15년 세월의 손때 묻은 문손잡이에서 시작한다. '음주자 출입금지',

시인과 농부 내부

젊은 연인들의 아지트, 시인과 농부

'술과 음식은 팔지 않습니다', '금연' 등 미닫이문에 얼기설기 붙은 경고 문에 주인의 엄한 고집이 엿보인다. 술을 마시고 떠들거나, 음식의 냄새 를 풍기고 자욱한 담배 냄새로부터 내 손님은 내가 지킨다는 주인의 철저 한 관리 의식이다. 허름한 문 위 스피커로 쏟아지는 라흐마니노프의 피아 노 협주곡이 오래전 클래식 다방에 들어설 때의 엄숙함을 동반했다.

조심스레 들어선 시농의 안채에 '화요일은 쉽니다'란 안내판이 풍금 위 의 수문장이다. 후미진 골목길이라, 기대하지 않았던 온기와 정담이 이미 툇마루에서부터 방 세 칸까지 훈훈하니 들어찼다. 지나간 영화와 연극 뮤 지컬 포스트, 손 글씨의 시, 표지가 닳은 시집, 소박한 그림, 손자국이 선 명한 도자기, 가로 누운 책들, 그리고 주방으로 가는 벽을 메운 음반까지 빈 구석 없이 찼으나 잡다하지 않다. 창으로 들어오는 빛은 없어도 '시농'

은 젊은이의 양지였다. 세상에서는 하찮은 구닥다리가 여기서는 땀으로 배인 값진 보물이다. 무엇보다 '시농'의 압권은 15년 넘게 다녀간 젊은이들의 낙서장과 천장에까지 닿은 메모들이다. 슬쩍 훔쳐 본 낙서들에는 청춘의 기대와 설렘이 두근거리고, 취업난 푸념에도 희망이 서렸으며, 실연 후에 받는 위로와 사랑, 용기를 주는 착한 끝말잇기가 꽉 찼다.

"분위기가 너무 좋다. 복잡한 도시 가운데 이런 곳이 있었다니, 약속 하나. 언젠가 사랑하는 사람이 생기겠지. 둘이 손잡고 다정한 모습으로 돌아와 차 마시며 재미있는 이야기도 하며 사랑을 싹 틔워야지. ―1999년 11월 000"

"여섯 달 만에 온 시농. 전혀 변하지 않은 모습이 정말 맘에 든다. 세상과는 동떨어진 이곳. 나의 휴식처가 되어준다. ―1998년 12월 △△"

오래된 낙서장

클래식 음악은 찻집의 풍미를 더한다.   찻집의 분위기는 학창시절을 떠올리게 한다.

시인(詩人)과 농부(農夫), '집 짓는 사람은 터를 다지고 다도(茶道)하는 사람은 마음(心)을 다진다'는 글귀로 여는 차림표에 두 장 빼곡한 메뉴다. 녹차, 쑥차, 뽕잎, 국화, 계화차, 생강나무꽃차, 감잎, 헛개잎차, 찔레차, 삼백차, 재스민차, 오룡차, 홍차, 오미자, 산수유, 매실, 유자, 모과, 대추, 겨우살이차, 감주, 수정과, 생강차, 쌍화탕, 허브들의 효능까지 길고 긴 메뉴판이다. 15년 세월 동안 주문한 차림들이 하나씩 더해갔으니, 오죽하랴. 가드너 김씨가 권했던 알감자가 쫀득하니 혀끝에 차지고, 주인이 넌지시 건넨 감주는 물리지 않는 클래식만큼 깊은 풍미다.

낙서의 주인공들이 이제는 아내와 함께 아이의 손을 잡고 휴일 나들이를 오고, 주인이 지켜주던 공간에서 수능을 준비하던 그때를 회상하며 함박웃음 건네는 지금이다. 대모가 된 주인은 그때나 지금이나 그들이 앉았던 탁자와 의자를 손걸레질 하며 그들의 안녕을 기원한단다. 말간 하늘가에 빛바랜 풍경이 그리우면 옛것을 품어보는 여행길이 제격이다. 21세기의 신인류 디지털 노마드족이나 찻집 탐방 마니아들은 수원을 애써 찾아올 까닭이 생겼다. 오래된 것이야말로 미래의 디딤돌임을 몸으로 깨닫는 이때, 느긋하게 수원화성의 지도를 따라 오랜 골목길의 '시농'을 찾을 일이다. 장사 안 된다, 한숨짓는 찻집 주인들도 기웃거려야 할 덕목의 찻집 '시인과 농부'다.

주소 : 경기도 수원시 팔달구 팔달로 2가 14
전화번호 : 031-245-0049

🍂 시인과 농부 차림표

잎차 및 야생 수제차 : 녹차, 오룡차, 보이차, 찔레차, 연복차, 삼백초, 참빛살나무차, 생강나무꽃차, 백년해로차, 겨우살이차, 뽕잎차, 헛개잎차, 감잎차, 쑥차, 개화차, 국화차, 재스민, 홍차

허브차 : 로즈마리, 라벤더, 케모마일

홈메이드 차 : 감주, 수정과, 모과차, 매실차, 대추차, 산수유차, 오미자차

가을, 겨울 특별한 차 : 생강차, 쌍화탕

가정집 같이 정다운 찻집

수다스토리

秀　茶

오래된 백송을 볼 수 있는 곳, 신도시 일산

우리 땅은 산이 가깝다. 드넓은 곡창지대 발치에서라도 먼 산이 보여야 우리 땅 같다. 어미의 젖무덤처럼 부드럽게 흘러내린 등성이에 온몸을 비벼대며 의지해온 우리네 산이다.

서울에서 북서로, 아직은 야생이 살아 있는 능곡을 지나자 때깔 좋은 시가지가 훤히 드러난다. 아이들 코 묻은 작은 공이 떼구르르 굴러 나올 법한 오래된 골목과, 어귀마다 솟은 전봇대 사이로 어지러이 늘어진 전깃줄은 찾아볼 수도 없이 깍듯하다. 자로 잰 듯 반듯한 선 안에 아파트가 번듯하고, 럭셔리한 전원주택가 가로수 길을 달리는 노인의 빨간 자전거가 정갈하다.

560여만 평 평지, 인공의 신도시 일산. 한참을 달려도 말뚝 같은 빌딩과 각시처럼 뽀얀 건물 너머는 먼 산도, 낮은 언덕도 뵈질 않는 텅 빈 하늘이다. 이 너른 평지에도 산과 언덕이 있었다. 날카로운 기계음에 뭉텅 베어나간 산과 언덕의 흙더미는 어느 해안선을 메워 또 다른 신도시를 이루었을 게다. 산을 베어내고 대패질하듯 편평히 마름질한 신도시에는 구불구불 오르내리는 유선의 길이 없다. 모로 낸 길이다. 신도시 일산 평지는 갯

송포의 백송

벌을 메워 일구었다는 설도 있으나, 수많은 산과 언덕을 깎아내린 내력이
더 그럴싸한 현대 문명의 도시다. 서구의 주거 양식을 따른 신도시의 모
델에는 자연을 살린 거리, 자연과 동화된 건축이 아쉽다. 줄 맞춰 심은 버
즘나무가 바람결에 무성히 흔들리며 버스 차창을 따랐다.

　경기도 고양시 일산구 덕이동 산 207. 이곳에 천연기념물 60호 지정된
'송포(松浦)의 백송(白松)'이 있다. 이 백송은 중국 북부를 원산지로 하고 있
으며, 널리 동남아시아에 퍼져 있는 소나무의 일종이다. 백송은 나무껍질
이 백색을 띠고 있는 것이 특징이다. 이 백송은 10미터 높이에 옆에서 보

면 가지가 부챗살처럼 갈라져 역삼각형의 형태를 자랑하고 있다. 추정 나이는 500년이며, 우리나라에서는 전국에 10여 그루가 남은 희귀종에 속한다. 조선 세종 16년(1434) 김종서 장군이 개척한 육진(六鎭)에서 복무하던 최수원 장군이 고향에 오던 길에 심었다고 하여 처음에는 당송(唐松)이라고 불렸다고 한다. 백송의 자태를 보고 싶은 이에게 꼭 보여주고 싶은 송포의 백송이다.

나무껍질이 백색을 띠고 있어 백송이라고 한다.

창밖으로 번져 나는 아낙의 함박웃음이 여느 가정집 같이 정겹다.

아낙의 수다로 웃음꽃이 피는 찻집, 수다스토리

　　찻집이 차 맛 좋은 것만으로는 우후죽순 생기는 커피하우스에 경쟁이 안 되는 시대이다. 전통을 한껏 살려 야심차게 연 찻집이라 해도 주인장의 문화적 깊이를 금세 눈치 챌 만큼 고객의 눈은 높아졌다. 초가나 기와지붕에 박 넝쿨 혹은 메주 몇 덩이 걸어놓고, 틀어놓은 가야금 산조로 전통을 살린 양 하면 곤란하다. 어설픈 설치물은 자칫 전통을 고루하게 몰아간다. 서너 평 커피하우스에도 손님이 줄을 잇는데, 차 맛 좋다고 몇 번 찾아온 손님이 또 다른 손님을 데려 오기를 무턱대고 기다리기에는 찻집 주인장의 인내에 시험이 드는 때이다.

　　흐르는 물살에 쓸려 유행을 좇는 사람들은 '거기, 좋더라'는 소문에 멀리 차를 타고서라도 찾아간다. '좋더라'는 데를 가야 감각에 뒤처지지 않

수다스토리 입구

수다스토리 입구에 놓인 검정고무신과 솜씨 좋은 자수물

고 공유할 거리가 있다고 생각하는 디지털 유목민의 세대이다. 물론 지금 소문난 집도 새로운 트렌드에 밀려 뒤쳐질 때가 있을 것이다. 역사를 거슬러보면 시대의 사조에 따라 음료 풍도 변해왔다. 인공의 문명에 지쳐 원시의 자연으로 회귀할 때, 자연이 고스란한 차를 산의 능선 같은 어미의 젖줄로 찾게 될 것이다. 그래도 손님을 마냥 기다리는 찻집이어서는 안 된다. 손님을 부르는 신개념의 혁명에 서야 한다.

산이 없어진 평지에 손님을 부르는 찻집이 있다. 한산마을의 '한뫼'를 따서 일산, 여러 촌락을 합쳐 '크게(大) 변화(化)된 마을'이라 하여 부르게 된 '대화동'에 조용한 혁명을 일구는 신개념의 찻집이다.

색색깔의 모시천

장성초등학교 길 건너 조요한 햇살 같은 찻집, 수다(秀茶)스토리.

창밖으로 번져 나는 아낙의 함박웃음이 여느 가정집 같이 정겹다. 친구 집 들어가듯 현관문을 열고 들어서면 한 땀 한 땀 예쁘게 변신한 검정고무신이 함지박 위로 마중 나온다. 거리에 소리 없이 번지던 아낙의 수다는 까르르 웃음꽃으로 피어났다. 귓전에 모여드는 그들의 수다에는 흔한 험담이나 뒷담이 없다. 바늘에 실을 꿰면서 개그맨들의 창의성에 감탄하고, 연잎차 홀짝 대며 환경을 염려하는 이 방 저 방의 수다가 귓전에 감미롭게 흘러들었다. 차, 이야기, 음악의 공간 수다스토리에 수다꽃도 추가해야 할 모양새다.

도랑물이 작은 돌멩이를 굴러 내리며 잇따라 흘러내리는 듯, 조곤조곤한 이야기가 차향에 퍼지는 찻집, 수다스토리.

"주정뱅이는 술 마실 때만 허튼 소리를 하는 데 비해, 수다쟁이는 술을 마시지 않음에도 밤낮을 가리지 않고 허튼소리를 한다." 저무는 그리스 시대에 '플루타크 영웅전'의 플루타르코스가 남긴 수다설이다. '내가 말하는 동안은 들을 수 없다'는 것을 수다의 가장 큰 문제점으로 지적하며, 남의 말을 듣지 않는 사람을 수다쟁이라고 그는 수다의 돌직구를 날렸다. 물론 우리도 어려서부터 귀에 못이 박이도록 말에 대한 금언을 들어왔다. '말이 씨가 된다', '말이 많으면 쓸 말이 적다', '세 치 혀로 흥한 자, 세

치 혀로 망한다', '말 단 집에 장 단 법 없다', '침묵은 금이다' 등의 속담
은 국어 시험에서까지 말에 대한 경계로 배웠다. 그런데 말이 많음과 수
다는 다르다. 사전적으로도 수다를 쓸데없이 말을 너무 많이 재깔이는 것
으로 폄하하지만, 수다가 없는 사회는 검은곰팡이 같은 우울증이 도처에
어둔 그림자를 드리울 것이다.

동서와 고금에서부터 말이 많음은 항상 경계의 대상이라고 부단히 일러
주었다. 그런데 말 속에 숨은 수다의 묘미를 제대로 짚지 못한 허방이다.
수다의 높은 데시벨만 보고 내린 진단이다. 제대로 짚어보면 수다는 떠들
썩한 수행이고, 왁자한 치유이며, 영혼의 해독제이다. 수다 속에 든 말의
진정성을 살펴보면, '말은 꾸밀 탓으로 간다', '말은 하는 데 달리지 않고
듣는 데 달렸다', '말은 해야 맛이고 고기는 씹어야 맛이다'라는 긍정의 명
언도 있지 않은가. 마땅히 할 말은 해야 한다. '말 한 마디에 천 냥 빚도

수다스토리 내부

바자회를 열어 이웃에게 사랑을 베푸는 신개념 찻집이다.

갚는다'는 불후의 속담을 어릴 적부터 가슴에 품고 다닌 우리가 아닌가.

수다스토리는 긍정의 수다를 이웃에게 사랑으로 베푸는 신개념 찻집이다. 가정집 같이 편히 내질러 앉아 차를 마시던 객이 단골이 되고, 단골이 또 다른 단골을 불러들이는 일산 대화동 사랑방이다. 가족 같은 단골은 바리바리 싸온 생활용품으로 바자회를 네 번이나 열었고, 수익금은 이웃 병원 불우 암환자 돕기에 썼다니 찻집의 원형을 달리 해야겠다. 게다가 단골을 위한 감사 잔치도 이따금 열기도 하는데, 해넘이에 선 수다음악회가 그렇다. 단아한 주인장 박진숙 씨는 맵시만큼이나 수다스토리를 엮어 가는 재치가 돋보인다. 요일마다 한지 규방공예, 켈리그라피, 자수 교실을 열어 차 마시며 수다하고, 수다하며 재능 쌓고, 쌓은 재능은 이웃 사랑으로 옮기니 이 어찌 신개념의 찻집이 아닐까.

고운 모시천 사이로 수다꽃을 피우는 웃음소리가 들리는 듯하다.

수다스토리의 별미인 단호박 식혜

연잎밥

녹차, 연잎차, 연근차, 대추차, 십전대보탕, 단호박 식혜, 단호박 마차, 매화차, 국화차, 생강나무꽃차, 민트, 재스민, 얼그레이, 다즐링 등 차림이 드나드는 단골의 색채만큼 풍성하다. 한편, 질펀히 차를 마시던 단골의 요청으로 짓게 된 연잎밥은 소담한 예술 작품이다. 더구나 곁들인 찬은 먹는 이의 혀에 닿아야 향을 느끼니, 다실에 냄새를 끼치지 않는 섬세한 배려가 배어있다. 주인장 닮은 연잎밥에 정갈한 찬이다.

천연한 색이 코끝을 간질이다 맛으로 감쳐드는 빼어난 차, 이름 그대로 수다(秀茶)의 이야기가 수다꽃으로 피어나는 찻집. 산이 없는 너른 평지에 수다로 쌓아가는 작은 동산 수다스토리는 나 혼자에 머물지 않는, 수다로 피운 사랑꽃 두레 공동체의 표석이다. 지금도 시나브로 피어나고 있을게다. 시간 되면 우리, 거기 가서 수다(秀茶)로 수다해요.

주소 : 경기도 고양시 일산서구 대화동 2194-2
전화번호 : 031-912-6216

🍎 수다스토리 차림표

토향차와 한방차 : 대추차, 생강차, 발효차(오미자·복분자·석류·모과·유자), 쌍화탕, 단호박 식혜, 단호박 마차, 십전대보탕, 쌍화탕

건강 주스 : 블루베리+바나나, 홍시+단호박, 오렌지, 청포도

라떼 : 녹차, 고구마, 대추, 단호박, 홍차

건강차 : 녹차(세작), 연잎차, 연근차, 메밀차, 이슬차, 감잎차, 대잎차

커피 : 핸드드립, 냉더치 커피

꽃차 : 국화, 매화, 생강나무

허브차 : 히비스커스, 카모마일, 로즈힙, 로즈마리, 민트, 라벤더, 재스민, 스트로베리

홍차 : 얼그레이, 다즐링, 아쌈

먹거리 : 연잎밥 정식, 단밭죽, 팥빙수, 대추빙수, 콩고물 아이스크림, 강정

386 빛바랜 청춘의 찻집

소화방
素 花 房

고향의 맛이 그리워질 때, 부산 남포동 골목

"부산에 간다는 언니의 메일을 받고 같이 가고 싶은 마음이 간절해요. 소화방은 정말 그리운 곳 중 하나인데 어떻게 변했을까… 내가 여러 곳을 돌아다니다 보니, 짐을 꾸렸다 풀었다 하면서 아끼던 것들을 그동안 많이도 없앴답니다. 그런데 잎차 대작 900원, 세작 1100원이라고 쓰인 명함 크기의 소화방 메뉴만큼은 미국에까지 따라와서 지금도 서랍속에 있어요. 언니가 소화방에 간다니까 다시 꺼내보게 되던걸요. 이 메일을 받을 때쯤이면 언니는 부산을 다녀왔겠네요. 모두가 제 마음자리 지키며 편안하길 기원합니다."

그립다는 말로 그리움을 푸는 후배의 메일이 부산행 기찻길에 덜컹거렸다. 흔들리는 쇠바퀴에 옛일이 되살아나고, 펼쳐든 책에 그리움도 함께 흔들릴 때는 통로를 지나는 이동 커피나 홍차 한 잔을 주문한다. 그리운 것들을 가슴에 쟁기는 나이에 떠나는 청춘의 고향 방문. 생각만 해도 가슴 펄떡이는 사진에 그리운 몇이 빛바랜 시간에 멈추어 있고, 정지된 영상에는 그 시절 그 시간을 향유하던 찻집이 추억의 자리에 머물러 있다.

흑백에 머문 흔적을 찾아 부산역에 내리니 비린 바닷내가 마중 나왔다. 광복동까지는 택시 기본요금에 몇 푼 더 얹는 거리다. 부둣가 샛길로 뱃고동소리가 마도로스의 느릿한 걸음을 따랐다. 연안부두를 지나 부산대교 붉은 아치 건너편에 오륙도 돌아가는 연락선이 빼곡하다. 갈림길에서 오른쪽으로 돌아 택시를 내리면 광복동 큰 길이 사뭇 프로즈할 기세로 다가선다.

이른 아침 시모노세키에서 부관훼리호를 타고 대한해협을 건너와, 자갈치에서 생선회를 먹고, 광복동에서 안경이라도 하나 사 쓰고 저녁 배로 돌아가면 자국에서 먹는 사시미와 안경값보다 더 싸다는 일본인들의 하루 쇼핑 광복동 거리다. 아침밥도 드는 둥 마는 둥 길을 떠났으니 배꼽시계에 맞춰 부산의 맛집을 찾았다.

일본어 간판이 한글보다 더 많이 내걸린 골목길을 걷다가 오래된 친구를 만났다. 고향은 이래서 좋은 것이다. 친구는 전복죽, 성계국이 일미인 '제주가'로 손을 끌었다. 인공의 맛이 없는, 부산 사람처럼 자연 그대로 솔직하게 우러난 인정스런 맛이다. 두툼한 전복을 푸짐하게 얹은 죽은 줄 지어 기다릴 만한 행복의 식단이다. 혀에 닿는 감칠맛은 이미 후각과 시각을 동원한 맛의 절정이다. 이대로 눌러앉아 전복죽 한 숟갈, 성계국 한 숟갈씩 갈마들면 부산 앞바다가 온 몸을 채우고, 푸른 비늘 번득이며 평생 살겠다.

전복죽, 성계국이 일미인 제주가

광복동 거리

부산 남포동 골목

성게국

전복죽

오래된 현판 '소희방'이 아직도 걸려 있다.

차꽃 소화처럼 아름다운 집, 소화방

긴 가방 늘어뜨리고 레인코트 휘날리던 청춘의 거리, 젊은 연인
이 넘쳐나던 광복동 거리가 한산하다. "갱제가 애립다 아이가." 아지매 푸
념 담긴 체리 한 봉지 사들고 남포동 골목, '서울깍뚜기' 설렁탕 집 건너
편 건물의 3층 '소화방'에 올랐다.

뻔질나게 드나들던 발도장이 어느 구석에라도 있을 게다. 둔탁한 문을
삐걱, 열고 들어서면 나직한 대금산조에 하늘거리는 호롱불 몇이 어둔 실
내를 밝혔다. 격사문 창호와 육중한 탁자와 의자에 반지르르한 윤기는 30
년 전과 다름없다. 먼 손님을 기다린 듯 하늘거리는 촛불, 낮은 긴장감,
메뉴판 뒷면의 주인장 도연명, 도연명의 국화까지 온전하다.

차실 정면의 문 위에 걸린 '소화방(素花房)' 널조각이 이 집의 실제 주인

소화방 차실

소화방 내부

이다. 옛 고려당 빵집 건물 2층에 처음 문을 열 때부터 시선을 집중시키던 석정스님의 단아한 서체다. 소화(素花)는 차꽃이다. 우리나라 다도를 정의한 초의선사는 〈동다송東茶頌〉에서 하얀 꽃 '소화'의 고결한 청향을 노래했다. 무릇 군더더기가 없어야 아름다움도 온전하다. 석정 스님의 글씨체는 장중하고 엄한 분위기의 실내를 소화의 향기로 단장한다. 어둔 조명에서도 이곳을 찾는 이들과 닮았으리라는 믿음이 드는 단아한 서체다. 바로 옆, 다섯 가지 맛과 선홍빛이 말간 오미자차에 환호하는 일본인 처녀들도 차꽃 마냥 단아하다.

소화방은 30여 년 전, 커피로 상징되는 미국 문화에 맞서 우리의 마실거리를 나눌, 고유한 마당으로 문을 열었다. 생맥주와 로큰롤, 고고(go-go)가 활개 치던 항구의 중심가에서 남폿불 드리운 찻물로 젊은 혈기의 꿈과 희망과 사랑을 나누던 안식처였다, 지금은 중년이 된 386세대의 마음자리이고 옛 청춘이 프로포즈한 찻집이다. 부산은 청년 차 문화의 태동지이다. 우리나라 차 문화의 걸출한 리더 강수길·김대철 씨 등은 소화방의 문을 열고, 청년 차 문화의 세를 확장한 일세대 차꾼이다.

그들 주역 중의 한 사람인 안태호 씨는 수년 전 일본 후쿠오카의 북규슈여자대학에서 '스타벅스와 소화방'이란 주제로 강연을 했다. 뉴욕의 분위기와 미국 문화를 동경하는 젊은이들이 스타벅스를 찾아들 듯, 소화방은 한국인들의 정서 찾기에 좌표로 삼는 곳이라고 말했다. 지금도 부산을 찾는 일본인들은 으레 소화방에서 한국 특유의 정취를 느낀단다. 그는 '차뿐만 아니라 생활 속의 문화가 찻집을 중심으로 대중화되어야 하고 부흥해야 한다'는 신념으로 소화방 내에서 조각보 전시회도 열었다. 앞으로 도자기, 목기를 비롯해 한복에 이르기까지 생활 예술을 전시하고 나눌 예정이라니, 부산의 소화방은 우리나라 찻집의 부흥 지표이리라. 나의 아련한 회상을 알아챈 듯, 일본 처녀들이 자신들의 사진을 찍어달란다.

옛 자취를 더듬어 부산을, 그리고 소화방을 찾아오는 이들이 있다. 건물의 3층이 너무 높다고 투덜대며 들어서는 그들은 불혹(不惑之年)을 넘고 쉰(知天命)을 넘었다. 머리칼에 언뜻 내린 흰 서리 같은 미련으로 추억에 젖어든 그들이다. 육중한 의자에 앉아 시절을 밝히고, 흔들리는 남폿불에 젊음의 갈등을 토로하던 그들 386청춘이 닻을 내린 소화방이다. 도연명은 가을 국화를 술잔에 띄우고 속(俗)을 떠나자 했지만, 황혼에 드리운 이들은 찻잔 하나 앞에 두고 지난 청춘을 불러왔다. 386의

오래전 소화방의 차실 내부

프로포즈는 커피메이커로 조급한 디지털 시대에게 건네는 아날로그의 부활이다. 차의 아날로그란 또르르 찻물 떨어지는 소리에도 폭포수 같이 세찬 물줄기와 망망대해를 그릴 줄 아는 감성의 의탁이다.

'고운 빛깔 가진 국화를 꺾어 근심 있는 술 위에 띄워 속세에서 멀리 내 마음을 버리고 싶어라.' 국화 한 송이를 꺾어든 도연명과 같이 마음 버리기가 왜 그리도 어려운지…. 버리지는 못할 마음 몇 자락, 차꽃 피는 소화방에 묻어두고 다시 돌아가는 386 빛바랜 청춘. 색채 짙은 세상으로 내려가는 계단 벽 위에 김홍도의 그림 '약초 캐는 소년'이 무심히 걸려 있다.

주소 : 부산시 중구 남포동 2가 12-1
전화번호 : 051-246-8818

차를 마시는 일은 아날로그의 부활이다.

🍒 소화방 차림표

오미자차

소화방의 오래된 메뉴

사과꽃 향기 따라 마실 가는 찻집

차 마실 산

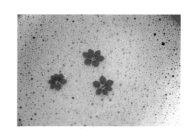

슬프고도 아름다운 전설이 전해지는 천년 고찰, 청평사

숨통이 트였다. 떠나봐야 안다. 대도시에 살면서 숨을 쉰다는 것은 그저 본능일 뿐이다. 온갖 소음과 뿌연 매연이 포위한 도시를 탈출하듯 벗어나면 비로소 날숨과 들숨의 깊이를 가늠할 수 있다.

이번에는 춘천이다. 대한민국 사람들이 살고 싶은 도시 1위로 꼽은 타이틀에 혹해서가 아니다. 막 씻고 나온 처녀의 얼굴 같은 호수와 강의 물기가 산등성에 상큼하게 달라붙은 물의 도시가 춘천이다. 신라 선덕여왕 때부터 우수주라 불리다가 조선 태종에 와서 지명이 개편된 춘천은 산과 강이 유난히 많아 봄의 기미를 빨리 느낄 수 있다. 그래서 이름도 고운 '봄내' 춘천(春川)이다. 물은 물대로, 하늘은 하늘대로 투명한 물빛 춘천은 겨울 문턱에서도 벌써 아지랑이 피어오를 봄기운을 예견한다. 한해의 열정을 활활 사르고 뉘엿거리는 만산홍엽은 새봄을 예고하지만, 한편 지는 꽃마저 아름답기를 바라던 인간의 오욕을 내려놓게 한다.

천년 고찰로 알려진 청평사(淸平寺)는 고려 광종 24년(973)에 창건되어 천년 이상 이어온 춘천을 대표하는 사찰로 슬프고도 아름다운 전설이 전해지고 있다. 중국 당나라 태종에게는 애지중지 여기는 평강공주가 있었다.

청평사 오르는 계곡에 조각된 공주와 상사뱀

구송폭포

그런데 공주가 미천한 신분의 청년과 몰래 사랑을 나누던 어느 날 당 태종에게 발각되어 그만 처형당하고 말았다. 죽은 청년은 평강공주를 잊지 못하고 징그러운 뱀으로 환생하여 공주의 몸을 칭칭 감은 채 살게 되었다. 당나라 궁궐에서는 공주의 몸에 붙은 상사뱀을 떼어내려고 여러 치료를 해보았지만 소용이 없었다. 그러다 영험 있는 사찰에 가서 기도해보라는 권유로 인해 공주는 궁궐을 떠나 이곳 청평사에까지 이르게 되었다.

해가 저물 무렵 청평사 입구에 도착한 공주는 구송폭포(九松瀑布) 앞 작은 동굴(공주굴)에서 하룻밤을 보내고, 다음날 밥을 얻을 요량으로 상사뱀에게 몸에서 내려와줄 것을 요청했다. 순순히 공주의 말을 듣고 공주의 몸에서 내려온 상사뱀은 공주가 돌아오기를 기다리고 있었다. 한편 몸이 자유로워진 공주는 계곡(공주탕)에서 목욕재계하고는 법회에 참석한 후 기도를 올렸다. 그러는 동안 상사뱀은 공주가 늦도록 돌아오지 않자 자신을 버리고 도망간 것은 아닐까 하는 불안감에 공주를 찾아 나섰다가 청평사 절문(회전문)에 들어서는 순간 갑자기 벼락을 맞아 그 자리에서 죽고, 빗물에 쓸려 계곡으로 떠내려갔다. 밥을 얻은 후 동굴에 도착한 공주는 죽은 상사뱀을 애처로이 여겨 뱀을 정성스레 묻어주고는, 청평사에서 극락왕생을 비는 기도를 올리고 가사를 지어 올렸다. 그제야 상사뱀은 공주와의 인연이 부질없음을 깨닫고는 해탈하였다고 한다.

청평사 고려선원에는 당대 최고의 고승과 학자들은 학문과 사상을 전파하였고, 문인들은 시문(詩文)으로 이곳의 자연과 문화를 노래했는데, 고려 시대의 학자 이자현(李資玄)과 조선시대의 문인 김시습(金時習)이 이곳에 머물렀다고 한다.

청평사

만추의 의암 호숫가를 춘마(춘천마라
톤)가 로드무비 하는 날, 춘천 유포리
에 닿았다. 손길 닿는 대로 터질 듯
물기 뿜어대는 홍빛 사과가 쪽빛 하
늘과 우주의 음양으로 동반하는 유포
리 길이다. 홍사초롱 받쳐 든 사과나
무 길을 두르다 보니 유포리 막국수
집 앞에 차들이 꽉 들어찼다. 잿빛 도

유포리 막국수

시에서는 심심한 맛이 통하지 않는다.
공해에 길들인 미각은 섬세한 맛을 기억하지 못한다. 그러니 도시인들은
'불타는' 맛에 열광할 수밖에…. 도시를 벗어나야 순연한 미각이 되살아
나고, 슴슴한 맛에 절대 미각이 숨어 있음을 알아차린다. 양념이 약할수
록 재료의 본맛이 살아나는 것은 유포리 막국수에서도 예외가 아니다. 유
포리 막국수는 도시에서는 흥행되지 않을, 불타게 매운맛이 아닌, 순한
메밀에 간단한 양념만 곁들인 무자극의 맛이다. 심심한 간, 찰기 없이 툭
툭 끊어지는 면발에 도시인의 젓가락질이 느리다. 그런데 느린 맛 찾기가
바로 이 집의 숨은 매력이다. 비빈 막국수를 반쯤 먹다가 따로 나온 동치
미 국물을 자작하게 붓고 다시 천천한 미각에 빠지는 것이 이 집의 포인
트다. 비빈 것은 비빈 것대로, 동치미 슴슴한 국물에 만 것은 자박한 그
대로 순하다. 수육하나 곁들이면 꽉 친 속궁합을 이루니 춘천이란 데가
요소요소 우주 음양의 도(道)가 복병같이 드러난다.

유포리 길에서 만나는 홍빛 사과나무

뒷산을 불러다 차 한잔 주고받는 풍류놀음은 어떠한가.

하얀 담장에 오방색 보자기를 펼친 찻집, 차 마실 산

우주의 궁합이 감미로운 춘천에 가야 할 이유가 또 있다. 작은 찻잔에 담긴 찻물 하나로 온 생명을 마실 가는 찻집이다. 두근두근 춘천 행의 또 다른 까닭이다. 유포리 막국수로 요기를 면하면 사과밭에 소박한 입간판 하나 눈에 들어온다. '차 마실 산'.

차를 마시는 산? 차 마실 가는 산? 차 마을을 이루는 산? 산에서 차를 마신다? 등 낯익은 글씨체의 네 글자가 아리송하다. 어쩌겠나. 글귀를 좇아 나서는 밖에.

내가 사과를 따르고, 사과가 나를 따르는 춘천 신북읍 유포리를 산책하 듯 걷다 보면 단아한 한옥이 나란히 길을 이루는 마을에 닿는다. 마당 안을 기웃거리며 한두 집 지나면 정갈한 입새의 '차 마실 산'이 대문을 활짝

'차 마실 산' 찻집 입구

열어놓았다. 인적조차 흔치 않은 생경한 곳에 웬 찻집인가….

'당신이 오실 것을 알았습니다, 오늘도 당신을 기다리며 마당에 물을 뿌리고 비질을 해두었습니다'. 열린 대문 사이 너른 마당에 주인의 정성이 기다린 듯 다소곳하다.

노랗고 붉은 단풍으로 몸을 부푼 마적산을 등에 지고, 길 앞 복숭아밭 사과밭 아래 연못을 두었으니, 어설픈 내 눈에도 배산임수(背山臨水) 명당이다. 대문 앞에서 깊은 숨을 들이쉬었다. 산이 낮게 내리었다.

숨통이 트였다.

앙증맞은 꽃나비 그려진 담벼락으로 마당을 넘보는 일이 도시에서는 꿈꿀 수나 있던가. 반목도 질시도 없이 믿고 사는 마을이다. 낮은 담장 안을 기웃거리며 동네 한 바퀴 마실 하고 돌아와 대문 안으로 들어섰다.

꽃나비 그려진 담장

하얀 담장에 그려진 보자기

차 마실 산 차실

'차 마실 산'은 뒷산(山)의 사랑채였다. 대문 밖에서 바라보던 명당의 품새가 대문 안에 들어서자 그대로 온전하다. 담장 기와에 나비가 날고, 황토 아궁이에 걸린 가마솥에 주인의 손길이 반지르르하다. 아장대는 국화를 따라 몸을 틀면, 솟대에 부딪힌 햇살이 사과 건조 용기 통유리에 쏟아진다. 그리고 오래전 축사였다가 지금은 주인의 거처가 된 별채 하얀 담장에 오방색 보자기가 너르게 펼쳐졌다. 조선시대 강원도 보자기를 흉내내어 그린 저 보자기를 뚝 떼다 마당에 펼쳐놓고, 뒷산을 불러내려 차 한잔 주고받는 풍류 놀음이 연상되는 인상적인 벽화다.

도심 한복판에서도 찻집이 어렵다는데, 이렇게 외진 데에 찻집이라니…. 괜한 우려는 사양할 곳이다. 문전에서부터 주인의 안목과 철학이 엿보이고, 은근한 믿음마저 더해주었다. '차 마실 산' 이름부터 산 밑에 자리한 품새, 외진 한옥 마을, 구옥의 퓨전, 더구나 해가 지면 어김없이 문을 닫는 고집까지 내건 주인이 궁금하다.

도예가이자 디자이너인 유혜란 씨는 이른바 학군 좋은 서울 강남엄마였다. 유포리에 마실 왔다가 굴뚝 있는 이 집에 꽂힌 그녀는 삼고초려 끝에 인수한 덤불 집을 새로 꾸미어, 아예 춘천 여자로 눌러 앉게 된 것이다. 아들 산(山)을 데리고…. 이쯤이면 '차 마실 산'이 해자된다. 차 마실 가는 산, 차를 마시는 산. 그 산은 뒷산도 되고, 아들 산이도 된다. 아들 산이와 청산에 온 것이다.

원형을 살린 본채 내실에 군불 때는 안방부터 천장 높은 대청을 건너 통유리창

천연염색한 천으로 꾸며진 차실

이 무릎께에 펼쳐진 건넌방까지 낮은 클래식이 바람 같이 흐른다. 문간 기둥 아래는 햇살에 몸을 말리던 얇은 사과 정과가 유씨의 손수 그린 용기에 포장되었고, 달착지근 쫄깃한 콩 과자도 새 주인을 기다리는 중이다. 예술 전공자다운 솜씨가 댓돌에서부터 검정고무신, 서까래 보에서 길게 흘러내린 천연염색한 천, 찻그릇, 슬쩍 꽂은 들꽃들까지 투영된 햇살 아래 오밀조밀하다. 나뭇결 드러난 메뉴판에 참하게 붙은 거름망 옆으로 '차 마실 산'의 차림이 그득하다. 전통의 새 버전을 강조하는 주인은 녹차 등의 정통 메뉴에 쇠비름얼음차, 산복숭아꽃차 등 현지 재료를 이용한 음

삼색 양갱과 말차

료와 샹그리아, 녹차와플, 슬러시까지 퓨전의 온갖 구색을 갖추었다. 주문한 말차 세트는 쑥차가 섞인 가루녹차에 마당에 피어나는 꽃이 얌전하고, 곁들인 호두, 녹차, 백년초 삼색 양갱은 말차의 품위를 돋우었다.

춘천에서도 외진 곳이나 서울에서 시간 반이면 올 수 있는 거리, 굴뚝이 있어 구들을 지킬 수 있고, 산을 등지고 물을 바라보는 햇살 가득한 집을 찻집으로 낸 유혜란 씨의 배짱 두둑한 결심에 내 찻집 하나 가져보지 못한 회한이 저만치 건너간다. 찻집은 밥집이 아니다. 찻집은 미사가 끝나고 신자들이 빠져나간 고요한 성전과도 같아야 한다. 북적이는 다담 속에서도 텅 빈 충만을 안겨주어야 하는 것이 밥집과 다르다. 찻집의 주인은 햇살 하나 바람결 한 자락에도 마음을 두어야 한다. 인간 생명의 존재 근원인 물이 담긴 작은 찻잔에 동그랗게 뜬 우주를 보여주어야 한다. 그리하여 찻집의 주인은 부름 받은 자이다. 물의 도시 춘천, 차 마실 가는 산 아래서 차 한 잔 나누는 일은 차 순례자들의 몫이다. 사과꽃 하얗게 햇살에 걸리는 날, 빨간 홍옥 물 뿜어대는 날, 아이 손잡고 청산 가듯 마실 갈 데가 '차 마실 산'이다.

주소 : 강원도 춘천시 신북읍 유포리 178-4
전화번호 : 033-241-6200

🍎 차 마실 산 차림표

차 : 연근차, 녹차, 발효차, 국화차,
뽕잎차, 쑥차, 감잎차, 유자차, 커피,
코코아, 말차, 샹그리아, 쇠비름얼음차,
산복숭아꽃차

슬러시 : 사과슬러시, 복숭아슬러시,
딸기슬러시

먹거리 : 양갱이, 녹차와플, 가래떡볶이,
연잎밥, 밤다식

역사와 문화의 차향이 가득한 찻집

사유

思　有

백 년의 역사 속에 전통과 현대를 담은, 국립중앙박물관

…평생 단 한 번 우리는 육체의 현실적 감옥을 벗어난다. 평생에 단 한 번─한 번이라는 것이 다행한 일이지만─우리는 햇빛과 공기와 흐르는 물에 섞일 것이고, 그리하여 산과 사막들이 알고 있는 영원한 시간이 어느 날 오후 편안히 흘러갈 것이다. 정신은 자신의 시원으로 스며들어 마침내 오래된 뿌리들 속으로, 희미하게 떨어지는 물방울 속으로, 생명 없는 것들을 동요시키는 어떤 움직임들 속으로 가라앉을 것이다. 한 사나이가 그 속으로 걸어 들어갔다가 다시 나타났을 때에는 하룻밤 새에 한 세기가 흘러갔음을 알 게 된 저 요정의 고리와 마찬가지로, 우리는 이 비밀은 결코 밝혀낼 수 없다….

헨리 데이비드 소로우의 진정한 계승자이자 20세기 최고의 자연주의자 로렌 아이슬리(Loren Corey Eiseley)는 미국 서부에서 초기 후빙기 인간의 자취를 찾아다니고, 캐나다에서 멕시코까지 로키산맥 주변의 사막과 고원, 산지들을 탐사하는 등 인류가 걸어온 광대한 시간의 비밀을 평생 동안 추적했다. 삶의 비밀을 밝혀낼 수 없다던 그는 《광대한 여행》에서 '결코'라는 단서까지 붙였던 생명의 비밀이 흔하디흔한 물과 관련 맺고 있다고 확

국립중앙박물관 전경

신했다. 그는 지구상에 마법이 존재한다면, 그것은 물속에 담겨 있고 물
속에서 그 비밀을 풀 수 있다고 했다. 그런데 그가 아니라도 물은 이미
만물의 시원이었다.

　가을 하늘은 끝 간 데 없는 말간 호수다. 높은 하늘이나 낮은 연못이나
온통 쪽빛인 국립중앙박물관 뜰에 섰다. 1909년 창경궁 제실박물관 개관
으로 시작된 우리나라 국립박물관은 한 세기의 역사에 섰다. 서울의 중심
부 용산에 자리 잡은 국립중앙박물관에서 '700년만의 해후'라는 부제의
고려불화대전이 열렸다.

　"고려, 대단한 거여~."

어둑한 조명 아래 나직이 드러난 700년 전 금니(金泥) 세밀화의 불화들에 감탄이 이어졌다. 세상에 공개된 적 없는, 고려불화의 명작 중에서도 명작인 일명 '물방울 관음도'인 '수월관음도(水月觀音圖)'를 만났다. 관음도를 소장했던 일본 센소지(淺草寺)는 유물의 존재 여부만이라도 확인시켜달라는 한국 국립중앙박물관의 요청에 가까스로 응했단다. 한국의 중앙국립박물관관장과 학예원이 불화에 큰 절을 올리는 것을 보고 감동해 고려불화전시회 출품을 하기로 했단다. 그동안 사진 촬영조차 허락받지 못했던 수월관음도는 이렇게 세상의 빛을 보게 된 것이다.

'물방울 관음도'를 몇 줄 글로 나타내는 것은 무례하다. 고려 후기의 승

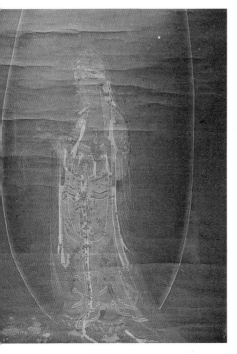

수월관음도

려 혜허(慧虛)가 그린 이 관음도는 다른 관음도에서 볼 수 없는 물방울 형태다. 독특한 광배 안에 수월관음이 법을 구하기 위해 찾아온 선재동자(善財童子)를 자리에서 일어나 맞이하고 있다. 오른손엔 버들가지, 왼손에는 정병을 들고 서 있는 보살의 숭고하고 섬세한 아름다움은 은은한 녹빛 광배 속에서 극치를 이루었다. 몸에 두른 얇은 레이스는 바람결에 날아갈 듯 하늘거리고, 초록이 묘하게 발하는 물방울 광배는 세상의 덕을 온전히 품는 듯했다. 광배의 물방울은 정병에 빨려들어 젊은 구도자의 영혼을 촉촉이 적시고 깨달음으로 이끌어냈다.

현대적 건물의 극치를 보여주는 국립중앙박물관 내부

월광사 원랑선사 탑비

국립중앙박물관 내부에 옮겨 놓은 경천사 십층석탑

Traditional Korean Teahouse
SAYU
伝統喫茶店
サユ

사유

대문 활짝 열린 마당가 사랑채 같은 찻집, 사유

물은 온 우주의 생명이다.

700년 전의 몽환경에 몰입해서인지 몸 안에 물이 고갈되었다. 이럴 때 차 한 잔이다. 장대한 국립중앙박물관의 대청마루 격인 열린마당을 지나 전시동인 으뜸홀로 들어섰다. 역사길을 따라 3층에 오르면 용산가족공원을 바라보는 끝머리에 찻집 '사유(思有)'가 있다.

누구나 들어서기 쉽게 대문 활짝 열린 마당가 사랑채 같은 찻집이다. 찻집을 찾는 손님은 으레 분위기부터 살핀다. 벽 하나가 온전한 유리창으로 만추의 너른 정취가 고스란하고, 전통 저고리 표본 몇 점과 찻그릇들이 한지 공예 전등 아래 간결했다.

열린 공간 '사유' 찻집

'사유'의 차실

　고려불화대전을 다녀온 몇몇 무리가 '대단한 고려문화'를 찻잔에 녹이고 있었다. 익어가는 가을에는 국화차가 제격이다. 국내산 꽃차만을 쓴다는 찻집 사유(思有)는 메뉴도 사유(思惟)거리다. '가슴 동당이며 다가올 사랑을 기다리다: 매화차', '지나간 추억, 첫사랑의 입술 같은 맛: 목련차', '미인의 비밀차: 도화차', '소리 없는 봄비 속의 화려한 외출: 벚꽃차', '달콤한 입맞춤: 찔레꽃차'. '5월 하얀 꽃비의 추억 속으로: 아카시아차', '발그레 물든 수줍은 소녀의 볼: 홍화차', '당신만을 바라보는 해바라기: 해바라기 꽃차', '가을 하늘처럼 맑고 청아한 향기 속으로: 국화차', '사랑과 화합의 결정체: 백화차'. 저작권에라도 들어두어야 할 시적 메뉴다.
　어디 꽃차만 그러하랴. '기운을 더하고 마음의 평안을 돕는 차: 대추차', '목을 보호하는 차: 모과차', '피부가 예뻐지는 차: 유자차', '피로를

'가을 하늘처럼 맑고 청아한 향기 속으로: 국화차

다스리는 차: 귤피차', '마음의 색을 표현하는 차: 자소엽차', '알싸한 매력의 차: 생강차' 등…. 효능이 구순한 전통차와 다양한 계절 메뉴까지 꽉 찬 차림표이다.

아파트 일색인 서울의 스카이라인이 여기서는 늦가을 흥취로 광대한 하늘과 경계를 이룬다. 석양도 가을의 정점에 눈부시다. 해거름이 국화차 찻잔에 투영되는 찻집 '사유'는 시간을 붙들었고 차향도 홀가분하다.

일제강점기 때 약탈해간 우리의 귀한 문화유산이 돌아올 전망이다. 불화대전이 끝나면 일본 센소지로 가야 할 물방울관음도 제자리에 이내 돌아와 무수한 젊은 구도자들을 선재동자로 길러내기를 고대한다. 이따금 자유로운 문화를 일구던 고려와 그 시대의 차가 복원되기를 열망했다. 옥죄기 일상인 현대인은 차 한잔에서 자유를 통한, 자유로 누리는 다도를 바란다. 초의선사로부터 내려온 우리나라 차의 정신 '중정(中正)'은 끊임없는 변화이고 무궁한 산출력을 가진 생생(生生)의 역(易)이다. 차 한잔에서 '물은 생명의 시원이고, 생명은 우주 온갖 것들을 가슴 뛰는 사랑으로 만나게 하는 성숙한 소명'임을 깨닫게 될 때 비로소 자유로운 다도에 접할 것이다.

전통 한지등

찻물은 찻잔에 담겼다 하나 고인 물이 아니다. 마른 국화꽃이 찻물에서 자유롭게 유영한다. 쉼 없는 생생(生生)의 역(易)이 향이 되고 달큼한 맛으로 감돈다. 좋은 분위기를 찾아 온 찻집은 차향도 차 맛도 좋다. 담양에서 20년 넘게 연구한 이의 손길로 만들어진 꽃차라 찻집 '사유(思有)'는 믿음도 도탑다. 전통과 현대를 두루 갖춘 국립중앙박물관 건축 양식과 조화롭고, 문화와 역사가 너른 마당에 있는 듬직한 사랑채 찻집이다.

우후죽순으로 생겨나는 커피하우스 사이에서 어울림과 자유로움이 넘나드는 전통찻집 '사유'는 현대인의 사유(私有)처가 될 것이다. 차 한잔에 깃든 생명을 사유(思惟)할 수 있어 고마운 찻집 '사유(思有)'다.

주소 : 서울특별시 용산구 서빙고로 137 국립중앙박물관 동관 3층
전화번호 : 02-2077-9779

꽃차 : 매화차, 목련차, 도화차, 벚꽃차, 찔레꽃차, 아카시아차, 홍화차, 해바라기 꽃차, 국화차, 백화차

따뜻한 전통차 : 대추차, 모과차, 귤피차, 자소엽차, 생강차, 십전대보탕, 오미자차, 매실차

시원한 전통차 : 아이스 오미자, 아이스 복분자차, 아이스 매실차, 아이스 유자차, 아이스 귤피차, 아이스 자소엽차, 식혜, 수정과, 유자 식혜, 미숫가루

계절 메뉴 : 인삼 쉐이크, 단호박 쉐이크, 밤무스 쉐이크, 홍시주시, 딸기 두유 주스, 아이스 모과 라떼

빙수 : 녹차 빙수, 홍시 빙수, 커피 빙수

녹차 : 우전, 세작, 중작

홍차 : 얼그레이, 다즐링, 실론

커피 : 아메리카노, 카페라떼, 카푸치노, 아이스 아메리카노, 아이스 카페라떼

천년학이 둥지를 튼 찻집

죽림다원

竹　林　茶　園

강화도 가는 길에 쉬어가야 할 곳, 전등사

희망이란

본래 있다고도 할 수 없고 없다고도 할 수 없다.

그것은 마치 땅 위의 길과 같은 것이다.

본래 땅 위에는 길이 없었다.

걸어가는 사람이 많아지면

그것이 곧 길이 되는 것이다.

　　－ 루쉰(魯迅), '고향' 중에서

　길은 애초에 없었다. 사람들이 가고 또 오며 생겨난 길이다. 희망도 그러하다. 희망도 품으면 품을수록 틀을 갖추고 색이 입혀지는 것이다. 오가던 사람들은 희망을 품고 걸었다. 희망으로 내딛는 발끝에는 힘이 있다. 그리하여 흙먼지 뒤덮인 광야를 다져낸 길이다. 걸어가는 사람이 많아 생겨난 길과 희망은 그렇듯 하나이 것이다.

　길이 없다, 한숨 섞인 잦은 푸념에는 막다른 길에서 벗어날 길이 정말로 없게 된다. 막힌 길도 뚝심 있게 바라보면 숨은 빛이 보인다. 막막한 절망이 때로는 희망을 틔우는 지름길이 된다.

전등사 동문

 '그래, 해보자'라고 주먹 불끈 쥐고 길을 만들어 가야 할 때가 있다. 삶의 막장에 곤두박질하거나, 낯선 삶을 주저하며 벌벌 떨리는 두려움에 사로잡혀 한 걸음조차 내딛지 못할 때가 어디 한두 번인 인생이던가. 힘주어 꽉 쥔 주먹은 희망이 뿌리 내리는 반석이다. 그 힘으로 희망을 덧칠하면서 한 발짝씩 옮기면 나만의 길이 트인다. 그렇게 떠난 길은 고독한 방랑이 아니다. 역사는 통치자의 것도, 민족이나 인류라는 거대한 이름으로 남기는 장대한 서사가 아니다. 오가며 다져가는 나의 길은 세상으로 통하는 나의 역사다.

 오래된 것은 미래를 품고, 세상의 역사는 자아를 찾아가는 이정표이다. 단군 이래 한반도 역사가 섬 곳곳에 족적을 남긴 강화도로 발길을 틀었다. 서울에서 멀지도 않은, 김포를 거쳐 강화초지대교만 건너면 흙도 바

전등사 일주문

람도 온전한 강화의 것이다. 유네스코 세계문화유산에 등재된 고인돌에서 엿보는 선사시대, 백두산에서 한라산으로 잇는 한반도의 중간 지점인 마니산, 그리고 참성단에 어린 단군의 얼, 고려의 대몽항쟁, 조선의 왕조실록을 보관했던 역사의 자취는 서양 세력과 전투를 벌였던 바닷길로 이어진다.

역사를 거슬러 자아를 찾아가는 강화 길에 반드시 들러야 할 곳이 있다. 도심의 공해에 찌들고, 거친 생존에 악착한 이들이 쉬어가야 할 전등사(傳燈寺)이다. 우리나라에 불교가 처음 전래된 372년으로부터 9년 뒤인 고구려 소수림왕 11년에 아도화상이 창건한 진종사(眞宗寺)로, 현존하는 사찰 중 가장 오래되었다. 1282년(고려 충렬왕 8년)에 '불법(佛法)의 등불을 전한다'는 뜻으로 개명된 전등사이다.

전등사 대웅보전

　단군이 세 아들을 시켜 쌓았다는 삼랑성은 애초에 흙성이었으나, 그 위에 거칠고 투박한 돌을 쌓아 견고한 석성을 이루었다. 머리에 닿을 듯 낮은 석성의 동문을 거치면 하늘 길을 열어주는 천년 노송이 바람결에 말을 전한다. "비로소 속계를 떠나왔군요. 이제 당신의 '참나'를 만나보십시오."

　전등사 곳곳은 보물급 유적지이다. 그중에서도 대표적인 건축물인 대웅보전은 조선 중기의 건축 양식을 보여주는 귀한 유산이다. 그런데 대웅보전은 건축으로서의 가치도 높지만, 처마 밑 네 귀퉁이를 떠받치는 벌거벗은 여인의 상으로 세간에 더욱 알려졌다.

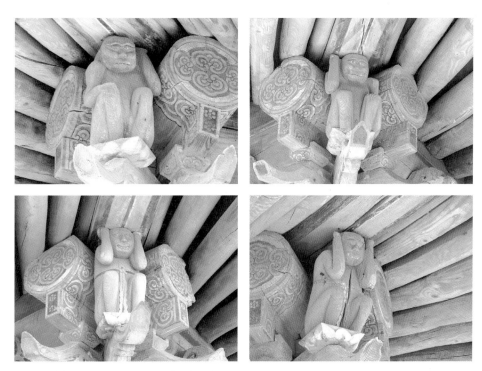

대웅보전 처마 밑 네 귀퉁이를 떠받치고 있는 나부 상

    1600여년을 지나오면서 여러 번의 화재로 중건되었던 대웅보전에 나부(裸婦) 상이 만들어진 것은 17세기 말로 추측한다. 당시 대웅보전을 지휘하던 도편수는 고향을 멀리 떠나와 적적함이 밀려올 때면 주막을 찾곤 했다. 그러다 눈이 맞은 주모에게 자기가 번 돈을 모두 건네며 공사가 끝나면 같이 살자고 했다. 공사가 끝나가던 어느 날 주막을 찾아가니 여인은 자취조차 없었다. 주모가 야반도주했다는 말을 듣고 여인에 대한 배반감에 치를 떤 도편수는 일손을 잡을 수도, 잠을 이룰 수도 없었다. 그러나 마음을 다잡은 도편수는 공사를 마무리하면서 대웅전 처마 네 군데에 벌

전등사 대조루

거벗은 여인이 지붕을 떠받치는 조각상을 만들어 넣었다. 나부는 옷을 걸치기도 했고, 왼손이나 오른손으로 지붕을 이기도 하며 두 손 모두 올리기도 한 제각각의 모양이다. 평생 무거운 짐을 떠받들며 과보를 치르라는 뜻으로 보인다. 광해군 때부터 지금껏 허리 한 번 펴지 못한 채 꾸부려 죄의 대가를 치르는 나부상은 '솔깃한 눈으로 쳐다보는 너는 정녕 허물이 없더냐?' 외려 부릅뜬 눈으로 노려보았다.

전등사 윤장대. 윤장대란 불교 경전을 넣은 책장에 축을 달아 돌릴 수 있게 만든 것으로, 윤장대를 한 번 돌리면 경전을 읽은 것과 같은 공덕이 있다고 한다. 보물 684호를 똑같이 재현한 것이다.

전등사 대조루로 내려오면 계단을 따라 죽림다원으로 이어진다.

자연 속에 편안히 들어앉은 찻집, 죽림다원

　　강화해협이 아스라한 대조루(對潮樓)로 되내려오면 천년학(千年鶴) 두 마리가 '참 좋은 인연'의 찻집 죽림다원으로 이끈다. 한때 대나무 숲이 우거져 '죽림(竹林)'이라 지었으나, 지금은 돌아나는 탱자 울타리에 오죽의 흔적만 엿보였다. 죽림다원은 웬만한 고찰 들목에 쉽게 눈에 띄는 그런 찻집이 아니다. 인공의 작위가 아닌 고스란한 자연 속에 들어앉아 편안한 품새다. 차탁 사이 고목 몇 그루가 성긴 앞마당부터, 낮은 물소리에 처마 끝 풍경소리가 홀가분하게 흘러내리는 뒤꼍의 골짜기까지 주변에 어우러지는 찻집의 정통성을 갖추었다. 차 한잔 마시는데 옷깃을 여미어야 할 경건함마저 든다. 경계가 있는 듯 없는 찻집에서 마시는 차 한잔은 내 속의 경계를 짚어낼 것 같다.

죽림다원 마당

바깥의 소슬한 운치에 비해 찻집 안은 대들보에 매단 목어(木魚)와 법고(法鼓) 아래 너무 많은 것이 들어찼다. 그런데 하나하나에 눈길을 두면 꽉 찬 것에도 거슬리지 않는다. 바깥 풍치가 내다보이는 창 주위로 진열된 다기나 장식품들이 요모조모 정갈하고 품격 있다. 이만하면 찻집으로서 구색이 온전하다. 그러니 차 맛에 대한 기대감도 절로 생기기 마련. 정족산 솔잎을 발효시킨 솔바람차부터 모과차, 오미자차, 매실차, 유자차, 쌍화탕, 대추탕까지 강화도 자연산으로 만들었단다. 수입산이나 농약, 공해에 결벽한 마니아도 안심할 차림이다. 특히 스님들이 강화도 특산인 순무잎으로 손수 만든 순무잎떡은 지나칠 수 없는 요깃거리다.

찻그릇에도 각별한 신경을 썼는지 주문한 솔바람차 찻잔의 높은 굽과

죽림다원 대들보에 매단 목어와 법고가 눈에 띈다.

대추 과육에 사과와 배를 함께 고아 만든 대추탕

선명한 코발트블루가 돋보였다. 차의 종류에 따라 달리 나오는 그릇은 사찰 찻집에 대한 선입견을 깨는 컨템퍼러리 페이스이다. 호기심에 다시 주문한 대추탕은 깊고 부드러운 감칠맛에 입자의 결이 살아 있다. 어쩐지, 대추 과육에 사과와 배를 함께 고아 갔단다. 괜찮은 찻집에는 그 집만의 독특함이 있다. 그 집만의 특색을 발견한 손님은 무리와 다시 찾아들게 마련이다. 동행은 또 다른 동반을 이끌고 그들만의 자리를 구축한다. 죽림다원은 고즈넉한 경관과 사찰의 경건함에 강화도의 색을 칠하고, 전통과 현대의 안목을 융합한 '괜찮은' 찻집이다.

거칠고 조악한 조형물로 치부되어도 왠지 끌림이 있던 두 마리 학이 둥지 튼 죽림다원이다. 찻집 들머리에서 긴 부리를 하늘로 향해 천년의 세월을 튼 까닭은 온 생명은 물에서, 장생볼로는 차 한잔에서 비롯됨을 알리고자 했음이리라. 새 길을 떠나기 전, 학(鶴)꿈은 길조다. 이왕 마음먹고 나선 새 길에, 천년학의 둥지 죽림다원에서 생명수가 빚어낸 차 한잔은 어떤가. 길상(吉祥)의 차 한잔일 것이다.

주소 : 인천시 강화군 길상면 온수리 635
전화번호 : 032-937-7791

♥ 죽림다원 차림표

녹차 : 우전, 세작, 냉녹차, 홍삼녹차, 말차, 인삼녹차

중국차 : 보이차, 고산오룡, 백호오룡

냉차 : 솔바람차, 오미자차, 매실차

온차 : 쌍화탕, 국화차

냉온차 : 대추탕, 모과차, 유자차, 생강레몬차

다식 : 순무잎떡, 한과, 약과

여름 메뉴 : 식혜

겨울 메뉴 : 팥죽, 호박죽

두물머리에서 만나는 찻집

세미원

洗 美 苑

두물머리, 겨울 강이 들려주는 기도의 소리

겨울 강에 섰다.

차 한잔의 본성인 물의 원류를 찾아 거슬러온 두물머리. 한 발자국 내디딜 수 없는 경건한 결빙. 강 머리는 껑껑 소리를 내고 햇살은 시리게 부서졌다. 금강산에서 흘러내린 북한강과 강원도 태백에서 발원한 남한강의 두 물이 합쳐지는 곳이라 해서 합수머리라고도 불리는 두물머리는 양수리(兩水里)의 우리말이다.

북한강과 남한강이 머리를 맞대고 남한 땅의 젖줄이 된 두물머리에 서니 한낱 미천한 생은 이름표도 찾지 못하겠다. 청동기시대로부터 북두칠성 성혈을 머리에 인 고인돌과 허리를 뒤로 기껏 제쳐야 머리가 보이는 느티나무의 400년 세월도 이 유장한 강에서는 기원을 따지지 못할 성 싶었다. 가장(假裝)을 쓰고 자신의 가장을 깨닫지 못하는 자는 깊은 강을 읽을 줄 모른다. 강의 수면만 쓰윽 훑어보고 강의 바닥까지 다 보았다 하고, 얼어붙은 강은 언제나 저 자리에 멈춘 듯 얼어 있으리라는 단정을 일삼는 이들은 강바닥 깊이 감춘 생명의 영역을 감히 가늠할 수 없으리라.

북한강 그리고 남한강 두 몸은 뜨겁게 엉키어 맞댄 머리를 얼음장 아래

두물머리 겨울 강

로 깊이 감추어 내렸다. 흘러온 두 물줄기가 머리를 맞대는 정점을 포착하고 맞댄 두 물의 머리에서 장엄한 생명을 확인하자던 헛된 욕심을 책망하듯 두물머리는 두 몸과 머리를 얽어 깊숙이 숨어버린 것이었다. 강물은 인간의 호기심 따위에 아랑곳없이 겨울에 충실했다. 세상 온갖 것이 들어 있는 한 방울의 물들이 모인 강은 자연의 섭리에 순연히 따르고 있었다.

며칠 후 다시 찾은 두물머리의 강은 뜨거운 염원의 발원지였다. 400년 느티나무를 등진 고부장 할머니는 나무 등걸 같은 손바닥을 빌고 또 빌어 간절한 기도를 강으로 흘러 보내고, 꽝꽝 문을 닫아건 결빙의 강도 할머니의 곡진한 바람만큼은 작은 틈으로 받아들였다.

눈보라 속에서 바라본 나무십자가

　강은 흘러야 한다. 그리고 강의 바닥인 대지는 숨을 쉬어야 한다. 성형이 대세인 즈음 순연한 자연까지도 성형의 틀로 몰아가고 있다. 죽어가는 강을 살린다는 미명(美名)의 4대강 사업은 엄동설한에도 강바닥을 헤집고 콘크리트로 성형했다. 강에게 물어보았는가. 설령 강의 소리를 듣지 못했어도 강은 흐르는 대로 두어야 한다. 땅의 숨구멍을 틀어막은 콘크리트 바닥 위로 흐르는 강이 제대로 자유로울 것 같은가. 강이 몸을 누이고 흘러가는 바닥인 대지가 숨을 쉬어야 강도 숨을 쉬고, 숨구멍 아래로 흘러내린 강물은 지하수가 되어 찻잔머리까지 오는 것이다. 물의 본성을 자칫 놓칠 염려를 두물머리의 강줄기는 꽝꽝 얼어붙는 의지로 보였다. 두물머리 동토의 광야에서 생명평화 미사가 이루어지고, 창조 섭리를 거스르는 4대강 사업 중단의 기도를 하늘에 아뢰고, 땅에 아뢰었다. 나무십자가에 매달린

눈보라에 휘어지는 갈대의 모습은 얼마나 서정적인가.

신은 광기어린 눈보라 속에서 바벨탑 같은 문명을 내려다보고 있었다.

겨울 강은 결빙으로
가슴 닫은 지 오래,
강면엔 얼음이불이
이음새 없이 한 자락으로 덮이고
누군가
빙설의 전 중량을
어깨에 둘러멘 분
숨어 계시어
강산 아픈 곳에

진맥의 손을 얹으심을

정녕
누구신가 누구신가
깊이 심장을 감추셔도
그분 인기척 알 듯 싶어
밤에도 잠자지 않으시는
초능력의 깊은 사랑
알 듯만 싶어
하여
그 앞에 굴복하여
평생의 어른으로 섬기고 싶은
신비한 그분의
표현 못할 인기척을

나는 역력히
알 듯만 싶어

— 김남조, '겨울강'에서

　눈보라 일고 휘어지는 갈대의 절규에 눈이 시렸다. 생명을 잃어가는 서
러운 강에 시린 눈 부비다 돌아서니 간이매점이 있고 주인장의 연차(蓮茶)
우리는 솜씨가 능숙했다. 유기농 백련이라는 자부심까지 덤으로 얹은 연
차는 뜨거운 김 모락거리며 연꽃 가득했던 저수지의 한여름 기억을 건넸
다. 백련이 겨울잠에 든 저수지 위로 아이도, 여인도 까르르 썰매를 지치
는 두물의 머리에 쉬어갈 찻집 하나 있으면 좋겠다. 결빙의 강도 머잖아
물안개를 피우고, 연꽃 가득한 여름을 맞을 터에 섭리는 역시 물에서 찾
아야 하고 한잔의 차에서 깨달을 수 있기 때문이다.

물과 꽃의 정원, 세미원

차 한잔의 미련은 가까운 세미원(洗美苑)으로 발길을 돌리게 했다. 팔당호의 한 귀퉁이를 수생식물의 터전으로 삼아 한강을 더 맑고 아름답게 가꾼다는 취지로 만들어진 세미원이다. 물을 보며 마음을 씻고(觀水洗心), 꽃을 보며 마음을 아름답게 하는(觀花美心) 세미원에는 연(蓮) 관련 유물 1천여 점을 모은 연박물관이 있고, 큰 온실은 물소리와 온갖 수생식물의 날숨들숨이 뿌옇게 차 있었다. 물이 생명의 본성임을 자각케 하듯 세미원 곳곳은 물로 넘쳐났다. 세미원 입장료 3천 원은 양평 지역의 농산물로 바꿔주는, 누이 좋고 매부 좋은 정책이다. 한파의 날씨인 이즈음은 농산물 대신 차 한잔으로 대체되었다. 두물머리 가에서는 역시 연잎차가 제격이고, 연의 씨를 갈아 만든 연자차도 추운 날 훌훌 불어가며 마시기

세미원 입구

에 좋다. 연잎은 혈액순환을 도와주고 염증치료에, 연자를 오래 먹으면
흰머리가 검게 되는 노화방지에다 장수약으로 으뜸인 처방이다. 게다가
콩팥 기능이 활발해져 심장 기능까지 왕성하게 한다니 연자의 효능은 맛
까지 상승시켰다. 차 한잔에 생명력이 감친다.

진흙을 뚫고 나온 연이 티끌의 흙도 묻히지 않은 것은 고스란한 생명
의 신비다. 생명의 섭리는 사람의 힘으로, 머리로 좌우할 수 없는 것이다.
강은 흘러야 한다.

주소 : 경기도 양평군 양서면 양수로 93
전화번호 : 031-775-1834

마음을 씻어보는 세심로

세심로는 강으로 이어진다.

차 한잔에 생명이 감치는 두물머리의 겨울 전경

물이 생명의 본성임을 자각케 하듯 세비원 곳곳은 물로 넘쳐났다.

차 : 연차, 유자차, 모과차, 대추차, 생강차, 원두커피, 코코아

먹을거리 : 연떡볶이

커피나무를 키우는 찻집

테라로사

화랑들이 호연지기를 쌓던, 강릉 경포대

두둥실 두리둥실 배 떠나간다/ 물 맑은 봄바다에 배 떠나간다
이 배는 달 맞으러 강릉 가는 배/ 어기야 디어라 노를 저어라

사공의 노래만 철썩이는 물결 따라 주인 없는 조각배 머리에 부서지고 있다. 솔숲 너머 경포바닷가에 불던 바람이 바다인 듯 호수인 듯 너른 경포호까지 내처 달려와 짙푸른 기운을 흩어놓는 길목. 호숫가의 능수벚나무 꽃망울은 아직 틔우지 않은 분홍빛 설렘으로 빙 둘러 늘어섰고, 길 위 낮은 언덕에는 신라 화랑들이 차 마시며 호연지기를 쌓던 경포대가 우뚝하다. 젊은 화랑은 관동팔경의 으뜸인 경포대에 올라 차 한잔에 달을 띄우고, 바람을 얹으며 사람 사는 일을 내다보았다. 고려 때 이색의 아버지 이곡이 동해안을 유람하며 남긴 〈동유기(東遊記)〉에 나오는 경포대에 관한 글 하나.

'날이 아직 기울기 전에 경포대에 올랐다. 옛날에는 대에 집이 없었는데 요즈음 호사자가 그 위에 정자를 지었다. 옛날 선인의 석조(石竈)가 있으니 대개 차를 달이

사공의 노래를 담은 경포호의 조각배

는 도구이다…'

　경포호를 마주한 경포대에 오르니 차 한잔으로도 너른 호수 같은 도량을 키우던 신라 화랑의 숨결이 경포대 정자 옆 돌화덕에 피어올랐다. 화랑의 흔적이라는 안내가 없으니 무심코 지나는 이들이 더듬는 댓돌은 휑뎅그렁할 뿐이었다. 옛 것에 대한 기록이 없고, 기록이 보관되지 않은 것이 어디 한둘이겠는가.

　해가 바뀌고 길을 따라 나서니, 땅에 난 길이 아니다. 시간의 길을 따르고 있다. 시시각각으로 변하는 도로 주변은 옛것에 머문 데가 별로 없다. 마실거리를 찾아 떠나는 길이 흐르는 물과 같다. 시간을 따르고 물을 따라 이번에는 강릉행이다.

테레사와 로사 두 성녀의 삶을 선망해 지은 세례명 테레로사를 검색하다 찾아낸 커피하우스 테라로사다. 여행 보따리 속에 밀어두었던 테라로사를 이제야 찾아 나섰다.

강릉은 송릉이다. 바닷길 따라 무성한 솔숲은 세찬 동해 바람을 막아주었다. 나들목부터 변두리까지 시목(市木)인 소나무가 길손을 따르고, 중심가 가로수로 두 팔 벌린 향나무가 장승처럼 종대를 지으니 사방을 휘두르는 시선에 푸른 기운이 스며드는 솔마을 강릉이었다.

차든 커피든 마실거리를 찾아 떠나는 길은 즐겁다. 최고의 음료 물에 색·향·미까지 곁들인 기호음료에는 이야기가 숨어 있다. 그 숨은 이야

강릉 시내 거리의 간판

강릉의 거리는 안온하다.

강릉 시내 테라로사 분점

기를 찾아 떠나는 길은 보물찾기의 설렘으로 부푼다.

시내 골목길은 오래전 걸었던 꿈길처럼 서두르지도 느리지도 않은 옛 것이 온전하다. 일제강점기 때의 낮은 적산옥이 군데군데 눈에 띄는 중심가는 요밀조밀 거리가 가깝다. 시내 중심가의 카페 테라로사를 찾는 일도 어렵지 않았다. 강릉 사람 허균이 쓴 홍길동이 다리목에 서 있고, 홍길동이 쓴 패랭이 같은 동그란 간판 아래로 걷다 보면 창 안의 노란 조명이 따뜻한 카페 테라로사를 만나게 된다.

뉴요커 기분을 느낄 수 있어 스타벅스를 찾듯이, 카페 테라로사는 보랏빛 조각의 샹들리에 아래 구색 갖춘 소품과 커피잔, 실용적인 의자가 편안하고 테이블, 구석의 앤티크 찻장과 가구 무엇보다 낮게 깔린 커피 향내는 유럽의 어느 카페로 착각하게 했다. 그러나 내가 가고자 했던 곳은 공장을 갖춘 커피하우스 테라로사였다. 갓 구운 원두로 내린 카푸치노 한 잔의 여운을 떨치고 학산으로 발길을 돌렸다.

경포호를 바라보고 있는 경포대

강릉시 문화관광의 자랑거리가 된 찻집, 테라로사

　　서설이 쌓인 학산마을 소나무 군락지는 두루미와 짝을 이루는 환상에 든다. 강릉시 문화관광의 자랑거리 테라로사의 입구에서부터 마니아들로 낮은 소요 중이었다.

　테라로사는 흰 눈 같은 수피의 자작나무가 길손을 맞이했다. 대문가 양쪽에 비닐로 된 온실이 없으면 전관의 운치가 더욱 쏠쏠했을 테다. 커피나무 묘목 기르는 일이 우선이라 여기며 초록 대문 안으로 들어섰다. 오래된 나무 방앗간에서 중세의 이야기로 막이 오른 한 편의 공연 같은 테라로사 내실 정경이다. 곳곳에 노란 조명과 들창으로 들어오는 빛에 의지하며 찻잔을 두고 얘기 중이거나 여기저기 서성이며 사진을 담는 사람들이 출연하는 공연장 같은 분위기다. 공장 뒤편에서 돌아가는 로스터 기계

테레로사 본사 전경

나 쌓인 원두 포대의 정체 그리고 구석구석에 놓인 계량기나 기구들에 시선을 앗겨 나도 그들처럼 서성였다. 우리나라 반대쪽 대륙의 나라 코스타리카, 과테말라, 브라질 등지에서 실려 온 원두가 발아 후 묘목으로 자라는 온실에 들어서니 '테라로사'의 의미가 새삼 다가왔다.

디스플레이 된 커피잔

테라로사(terarosa). 커피가 잘 자랄 수 있는 화산재의 성분을 가진 붉은 빛의 토양, 희망의 땅, 보랏빛 땅을 가리키는 포르투갈어 'terrarossa'다. 희망의 땅인 검은 흙에서 작은 키를 세우는 묘목들이 바닥에서부터 온실 천장에까지 층층이 자라고 있다. 밖은 흰 눈이 자작나무에 쌓이고 하우스 안의 커피나무는 싱싱한 초록의 열기를 뿜어낸다. 커피를 주문하고 의자를 난로 가까이 끌어당겼다.

테라로사의 독특한 메뉴는 커피 테이스팅. 스탠드에 앉아 바리스타의 손맛을 구경하고 세 가지 커피를 테이스팅 할 수 있으니 마니아들에겐 안성맞춤 메뉴다. 바리스타가 내어준 에스프레소 탄자니아, 하우스 블렌딩, 카페라떼 마까다미아를 차례로 맛보기 했다. 공장 한 편에서 로스팅한 원두를 바리스타가 즉석에서 갈아 드립핑 한 커피의 향과 맛은 매혹적이다. 커피에 대해 딱히 아는 바 없지만 숨은 미각을 골고루 부활시키는 묘한 맛이었다. 나뭇잎, 하트 등의 바리스타의 기막힌 라떼아트에 제빵사의 솜씨 좋은 빵도 맛을 더하니 멀리서 찾아온 보람으로 흐뭇하다.

로스팅한 원두

10여 년 전 강릉 변두리 학산에 세운 열정의 테라로사다. 처음부터 배부른 장사가 어디 있겠는가. 블로거들의 입김이 인터넷을 장악하는 즈음, 그들의 행적이 담긴 사진과 글로 테라로사가 더 유명세를 타지 않았을까. 테라로사의 들목, 학산 마을의 호젓함, 하얀 나무집과 흰 수피의 자작나무가 어울리고, 너른 주차장, 무엇보다 공장식 커피하우스로 현장에서 볶고 갈고 우려낸 커피를 눈으로 직접 마시는 생동감, 그리고 커피 씨앗을 발아해 키운 묘목, 나무의 성장을 지켜보는 온실, 빈틈없는 볼거리로 채워진 테라로사는 유명세를 탈 만하다. 음악, 문학으로 한여름 밤을 꾸미거나 늦가을 운치를 살리는 공연장을 겸하면서 학산 마을의 운치를 살린 아이디어도 돋보였다.

사람이 오기를 기다리며 빈 찻집을 지키는 주인장들은 테라로사의 전략을 엿봐야겠다. 그렇지만 커피하우스와 찻집의 맛은 다르다. 아무리 많은 사람이 즐기어도 커피에는 차의 맛이 없다. 혀 위에 자르르 돌다 목구멍 저 깊은 데서 되돌아오는 맛, 바로 차만이 가진 감칠맛 말이다.

주소 : 강원도 강릉시 구정면 어단리 973-1
전화번호 : 033-648-2760

커피 씨앗을 발아해 키운 커피 묘목이 창가를 장식하고 있다.

테스팅용 테라로사 브랜드 커피

라떼아트

그 겨울의 찻집

하루

霞　樓

외로움 한 스푼 휘휘 저어 마실 찻집을 찾아서

바람 속으로 걸어갔어요
이른 아침에 그 찻집
마른 꽃 걸린 창가에 앉아
외로움을 마셔요

아름다운 죄 사랑 때문에
홀로 지샌 긴 밤이여
뜨거운 이름 가슴에 두면
왜 한숨이 나는 걸까
아 웃고 있어도 눈물이 난다
그대 나의 사랑아

외로움 한 뿌리, 그리움 한 자락은 각박한 세상살이를 관조하는 힘이
다. 그렇지만 까닭 없는 외로움과 실체도 없는 그리움이 지나쳐 울증으로
치닫거나 삶의 기가 꺾일 때도 있다. 어쨌든 가슴을 후비는 외로움이나

그리움은 스스로 풀어야 할 숙제가 아닌가.

　삶의 고갯길에는 어디선가 웅그리고 있던 비책이 손을 덥석 잡곤 한다. 나의 처방은 '그 겨울의 찻집'에 가서 외로움 한 스푼, 그리움 두어 숟갈을 찻잔에 따라 휘휘 저어 마시는 것이다. 많은 가수들이 리메이크해서 불렀으나, 지존의 가수 조용필이 부른 '그 겨울의 찻집'은 웃고 있어도 눈물이 나는 사람에게 효험 백 퍼센트의 처방전이다.

　열정의 밤에 기우는 청춘부터 빛바랜 추억에 젖어든 실버까지 조용필의 '그 겨울의 찻집'에서 한 번은 명치 끝 아리게 훑어가는 바람을 느꼈을 것이다. 살면서 '웃고 있어도 눈물이 나는' 통과의례를 거쳤어도 감히, 웃고 있어도 눈물이 난다는 말은 못했으리라. 그런데 눈물 한 번 찐하게 쏟고 난 뒤의 후련함이란, 어찌 백 가지 명약에 비하겠던가. 거기다 차 한잔에 외로움을 풀고 그리움을 섞어 마시면 백 프로를 넘어서는 비방이니 '그 겨울의 찻집'을 찾는 일이 차(茶) 선생의 숙제인 양 여겼다. 오래전부터 올 겨울만큼은 '그 겨울의 찻집'을 반드시 찾아내리라는 다짐을 했다.

전주로 들어가는 입구의 현판

그러나 번번이 그 겨울은 봄 마중 채비에 쓰고 다시 이듬해로 넘겼다.

'남도를 모르고 사람을 논하지 말라'던 한 시인의 말에 기대를 걸고 남도로 다시 향했다. 갈 때마다 색다른 맛이 감치던 남도였기에 떠나는 걸음에 설렘도 그림자처럼 따른다. '그 겨울의 찻집'이 따뜻한 남녘에 있을까마는, 일기예보는 적중했고 전주는 모처럼의 과객을 하얀 눈발로 맞았다.

속 깊은 한 친구를 만날 요량으로 서둘러 전주에서의 볼일을 끝냈다. 주말이면 산을 오르내리는 그에게 산기슭 외딴 곳에 괜찮은 찻집을 살펴봐 달라고 당부해두었던 터였다. 바람 속으로 걸어가서 마른 꽃 걸린 창가에 앉아 농한 외로움을 타 마실 만한 데가 있으면 꼭 연락해달라고 일러두었기에, '그 겨울의 찻집'을 찾아내는 숙제를 덩달아 안고 있던 그였다. 전주에서 만난 그가 귀띔도 없이, 그저 갈 만한 데가 있다 해서 따라나선 곳이 찻집 '하루(霞樓)'다.

전주를 벗어나 남으로 달리자 눈발이 점점 굵어졌다. 하얗게 쉰 머리털의 모악산이 어미의 지긋한 노파심으로 창밖을 따랐다. 순창 이정표를 따

전주를 나가는 입구의 현판

라 내달리니 임실의 지표가 길을 잇고, 함박눈이 땅과 수변의 경계를 허문 옥정호를 스쳤다. '아름다운 한국의 길 100선'에 든 옥정호 주변 아름다운 길을 굵은 눈발에 묻고 달린 지 5, 6분이나 되었을까. 어귀부터 쌓이는 눈을 싹싹 쓸어 둔 외딴 고샅길에 이르렀다. 바지런한 빗자국이 선명한 길을 따르니, '문화공간 하루'가 유일한 색채로 반겼다. '하루' 문패의 글씨체가 전주 톨게이트 현판에 새긴 '전주' 서체를 빼닮았다. 찻집 '하루'와 '송하정' 현판의 작가 여태명 선생이 쓴 글씨로, 전주 사람도 눈치채지 못한 '전주' 현판에 숨은 이야기가 있다.

"전주로 들어올 때 글씨는 자음을 적게 하고 모음을 크게 하여 어머니의 모음(母音)을 강조했다. 그리고 첫소리와 가운뎃소리 사이로 끝소리 'ㄴ'이 크게 자리 잡았다. 그 'ㄴ'에는 먹이 묻지 않은 붓자리인 비백(飛白)이 있는데, 그 속에 전주 지형이 그려 있다. 전주에서 나갈 때 바라보는 현판에는 원래 '전주'라고 써서는 안 된다. 그 문을 통과하면 전주가 아니기 때문이다. 그런데 어찌어찌한 사정으로 결국 쓰게 되었는데, 들어올 때와 반대로 자음을 크게 했다"는 여태명 선생의 말이다. 속설에는 들어올 때는 전주의 기상을 느끼게 하고, 나갈 때는 편안한 마음을 갖고 가게 했다고도 한다.

눈 내리는 날 하루에서 내려다본 옥정호 주변은 한국의 아름다운 길을 보여준다.

옥정호가 바라다 보이는 찻집, 하루

하루라고? 하루, 이틀…의 하루인가. 혹은 다락에서 내린다는 '하루'인가. 어설픈 뜻풀이를 주절대다 찻집 '하루'의 문턱을 넘었다.

설국이다. 천지 끝 간 데를 분간할 수 없는 순백의 세상, '하루'. 어쩌다 한 발 잘못 디뎌 툭, 떨어져버린 아득한 무릉설원이다. 동행했던 친구조차 멀리 떠나고 외딴 섬에 홀로 버려진 양 아연했다. 하늘도, 땅도, 깨어 있던 온몸의 감각도 순백에 갇혀버렸다. 갑작스런 외로움에 허둥댈 때, 사랑채에서 아이 둘이 뛰어나와 까르륵 까르륵 웃음꽃을 흘리며 지나갔다. 먼 허공을 흩뿌리다 사그라지는 꽃잎같이 뒤채로 뛰어간 아이들은 돌아오지 않았다. 홀로 된 외로움만 남기고 세상 모든 것을 묻어버린 설원이다. 숱한 겨울을 되짚어 헤아려도 이런 고립무원의 눈밭은 기억이 나질

하루 입구

하루의 본채인 송하정

않는다. 문득 '하느님도 외로워 눈물을 흘린다더니, 그렇구나. 이토록 순
연한 눈송이는 외로운 하느님이 흘린 눈물의 결정체구나' 혼잣말 하는 입
술로 송이 눈이 스며들고, 스며든 눈은 몸속에 하얀 도정(道程)을 내었다.
이윽고 몸 안에 길을 내며 녹아드는 눈에 외로움이 빗장을 풀기 시작했다.
외로움은 홀로 됨에서 오는 쓸쓸한 본능이 아니다. 몸 안에 길이 없을 때,
물이 흘러내릴 길이 없어 몸의 바닥이 갈라져 생긴 서정의 불감증이었다.
비로소 하양에 갇혔던 설국이 색채의 환희에 차고, 핑그르르 도는 눈물의
웃음꽃이 미소하게 피어났다. 웃고 있어도 눈물이 나는 '하루'의 설원에
서 한참을 그렇게 서 있었다.

　노을이 좋아 지었다는 정자, 노을 하(霞), 다락 루(樓)의 '하루'. 옥정호가
내다뵈는 '송하정'은 전북 고창의 아름다운 정자 '송계정'을 옮겨와 '하

루'의 본채가 되었다. 송계정 가운데 글자 '계' 자를 '하' 자로 바꾼 '송하정'의 현판 글씨는 역시 한글서예가 여태명 선생의 서체였다. 다양한 한글 이름과 글씨체가 곳곳에 널린 남도는 한국인의 정서적 고향이다.

외로움을 떨치고 들어와 앉은 본채 온돌방은 마른 꽃 걸린 창가는 아니지만 송이 눈꽃이 하얗게 걸린 창호였다. 다소곳한 '하루'의 아낙이 녹차나 황차를 권했다. 차 한잔에 노을 하나 다식으로 삼을 터에 대용차의 많은 차림이 무에 필요하겠는가. 더구나 오늘은 흑과 백만 있는 세상이니 간결한 주문이 돋보인다. 이럴 때는 선택의 여지가 없다. 뜨거운 물 바로 부어 마시는 황차가 오늘의 특선 메뉴다. 찻주전자 위로 찻물이 넘쳐도 좋다. 그렇게 하라고 주전자 밑에 작은 수반까지 받쳐 왔나 보다. 차가 우

송하정에서 바라본 겨울 풍경

송하정 창호문을 통해 바라본 바깥 풍경

러나는 찻주전자 위로 다시 뜨거운 물을 부었다. 진한 다갈색 황차를 찻
잔에 따를 때 피어오른 향은 남은 외로움마저 저만치 갖고 달아났다.

'하루'의 외로움은 진부하지 않았다. 주접스레 눈물을 섞어 마시는 외
로움의 노래가 필요하지 않았다. 색채 번잡한 세상을 떠나 신선세계에 마
실 온 내가 구두 한 짝이라도 흘려놓고 가야겠다는 장난기마저 동했다.
다시 와야 할 이유를 구두 한 짝으로 삼으려고 말이다. 언론이나 방송에
'하루'를 들썩하게 내놓고 싶지 않다는 아낙은 그래도 열린 문 사이로 발

송하정과 별채

하나 들여놓는 사람은 누구든 반긴단다.

하냥 시간은 흘러 옥정호 너머 상상의 노을이 드리울 무렵, 친구가 돌아가자고 채근했다. 남도를 뒤로 두고 돌아오는 길에 문득, "아! 거기가 바로 거기, '그 겨울의 찻집'이었어." 탄성을 질렀다. 웃고 있어도 눈물이 나는 찻집에서는 눈물이 나도 웃을 수 있다. 차 한 잔으로 몸 안에 길을 내는 찻집이 임실의 '하루'다. 주변 차밭에 찻잎이 야들야들한 봄부터, 붉은 노을 걸린 옥정호의 가을에까지, 사계절 어느 때라도 머무는 만큼 충만해질 '그 하루의 찻집'이다.

이제, 봄 마중 가는 길목에서 '그 겨울의 찻집'을 찾는 숙제 하나 풀었으니 올해는 벌써 운수대통이다. 그럴싸한 찻집 하나 찾으러 여기 저기 두르고 다닌 시간이 대견하고 기특하다. 그리고 넌지시 '그 겨울의 찻집' 숙제를 멋진 카드로 내민 친구의 안목에 고맙다고, 그래서 그대를 더욱 사랑한다고 편지라도 써야겠다.

주소 : 전북 임실군 운암면 운종리 376-2
전화번호 : 063-643-5076

💭 하루 찻집의 황차 차림

스토리텔링으로 감도는 찻집

한학촌 후덕당

韓　學　村　　　厚　德　堂

세 성현의 이야기가 전해지는, 한학촌

　　신라가 당나라와 힘을 합쳐 백제를 멸망시키고, 고구려마저 빼앗는 전쟁을 치를 때였지. 지금처럼 외국 유학이 유행했던 당시, 원효와 의상 스님도 현장법사 밑에서 불교계의 새바람을 공부하고 싶어 당나라로 가던 길이었어. 하루는 동굴인지 혹은 어느 무덤가에서인지 잠을 자게 되었단다. 잠결에 목이 말랐던 원효스님은 마침 바가지에 담긴 물을 마시고 다시 잠에 빠졌대. 그런데 아침에 일어나보니, 머리맡에 있던 바가지는 해골이고 간밤에 마셨던 달디 단 물은 해골에 괴었던 썩은 물이지 않았겠어.

　　"해골에 담긴 물은 어젯밤이나 지금이나 똑같은데, 어이해서 간밤의 물은 달디 달았고, 지금은 구역질이 나는가? 그렇구나. 어제와 오늘 사이에 달라진 것은 바로 내 마음일 뿐이다."

　　원효스님은 이때, 진리라는 것은 결코 밖에서 구하는 것이 아니고 바로 내 안에 있다는 것을 깨닫게 되었지. 경주로 되돌아온 원효스님은 마음먹기에 따라서 썩은 물도 꿀물처럼 느껴진다는 진리의 깨달음을 평생 알리려 했단다. 그런데 원효스님의 인간적인 면이라고 할까, 보통 사람의 틀을 깬 이야기도 있지. 스님은 태종 무열왕의 딸인 요석공주와 사랑을 하게 되었어. 실은 금지된 사랑이랄 수 있는데, 결국 두 사람 사이에 아들이 태어나게 되었단다. 신라에서 아주 큰 학자이자 이두라는 글자를 정리한 설총이야. 설총을 낳은 후, 원효스님은 스님으로서 계율을 어겼다며 승려 옷을 벗고는 신라 땅 곳곳을 돌아다니면서 불교를 전하러 다녔어.

가끔 미친 사람처럼 행동했던 스님은 누구나 쉽게 할 수 없는, 거리낌 없이 사신 분이었단다. 그러면서도 백성들 속으로 깊이 들어가 백성들과 함께하려고 했대. 부처님께 돌아간다는 뜻인 '나무아미타불'만 외우면 누구나 극락에서 새로 태어날 수 있다고 설교하면서 백성들에게 불교를 퍼지게 했지. 그래서 산골 더벅머리 아이들까지도 부처의 이름을 알고, 나무아미타불 같은 염불 한 마디는 할 줄 알게 되었대. 지금도 불교는 몰라도 '나무아미타불'은 알잖아. 그것은 원효의 덕이지 않겠니?

원효의 신라, 그 후예라면 한 번쯤 들었을 '마음먹기 나름'의 원조 스토리텔링이리라. 그런데 마음먹기가 말처럼 쉬운 일이던가. 잠결에 갈증이 일어 머리맡에 놓인 사발의 물을 벌컥벌컥 마시고 자고 일어났는데, 이게

대구한의대학 한학촌 전경

원효와 설총과 일연, 세 성현을 기리는 삼성현

웬일인가. 머리맡 사발은 해골바가지였고 그 안에 괸 물을 마셨다는 사실에 욕지기가 치밀어 올랐다. 그러다 '문득' 모든 게 마음먹기 나름이라는 진리를 깨닫고, 그때부터 세상 보는 눈이 달라진다. 그러고는 거리낌 없이 자유로운 삶의 궤적을 이루게 된다. 이런 일이 한순간에 가능할까. 물론 대개의 사람들은 그리 되지 못할 것을 속단하지만, 그래도 '세상 모든 일이 마음먹기에 달렸다'고, 주저되는 삶에 스스로 용기를 주곤 한다. 모든 게 마음먹기 나름인 일체유심조(一切唯心造)의 스토리다.

마음먹기에 따라 달라지는 삶의 혜안을 제시한 원효, 거침없는 원효와 그를 사모하던 요석공주 사이의 아들 설총, 그리고 '삼국유사'의 스토리텔러 일연은 경북 경산이 낳은 걸출한 세 성현이다. 삼성현(三聖賢)의 고장 경산은 그들의 얼을 받들기 위해 산 하나에 삼성산이란 이름을 붙였다. 삼성현의 이야기가 천년의 맥을 이루는 삼성산 자락에 이번에는 또 다른 스토리텔링이 향기로 흘러내렸다.

겨우내 닫혔던 털옷을 한 꺼풀씩 열고 하얀 속살로 부활한 목련의 봄, 대구한의대 삼성캠퍼스에는 목련이 차의 향으로 피어난다. 경산 시내를 굽어보는 삼성산 기슭에 널따란 대구한의대학교를 유람하면 산으로 빙 돌아 오르는 길이 있고, 그 길을 따르면 영화 세트장 같은 한옥 마을이 높은 산마루에 장대하다. 대구한의대학교 박물관에서 학교 상징으로 구상한 한학촌으로, 과거 선비들의 공부 분위기를 체험하도록 만들었다.

북에서 남으로 통하는 관문 현통각(玄通閣)은 뜻만큼 기상도 웅대하다. 위용과 현판의 호방한 서체에 마음마저 여미는데, '다실 및 뮤지엄숍 운영' 현수막이 어서, 편히 오르라고 바람에 펄럭였다. 약첩 싸는 법, 차 예절 등의 전통문화 체험실로 쓰이는 현통각 관문을 통과하면, 산의 기운을 등에 업은 삼성전(三聖殿)이 마당 위로 엄숙하다. 삼성전에서 도포와 유건

현통각 위에서 아래로 내려다본 한학촌의 전경

한학촌의 자강사

을 입고 옛 선비의 모습을 재연하는 교양 수업이 이루어진다니, 아이돌에 깃들 온고지신이 기대되었다. 바로 아래, 교수들의 수양처 한계정사(寒溪精舍)와 학생들의 글방 일심서당(一心書堂)이 동서로 나란하다. 경건한 의식이 가슴께까지 차올라 한숨 크게 들이쉬고 몸을 뒤로 돌리니 경산 시내가 한 품에 안기고, 젊은 열정이 후끈한 대학 캠퍼스가 아득한 흑백 영화로 머문다. 좌르르, 필름은 돌아가고, 몽환의 영상에 주인공이나 된 양 두리번거리면 한학촌 마당 동쪽으로 뮤지엄 숍 자강사(自疆舍), 서쪽으로 찻집 후덕당(厚德堂)이 대칭으로 서있다. 너른 뜰을 사이에 두고 마주 선 건축 양식이 이국적이다. 더구나 양쪽 건물 옆에 지상과 천상을 잇는 솟대 마냥 높다랗게 솟은 소나무는 외경심마저 자아낸다.

팔각지붕 종루와 곁에 선 빨간 우체통의 정경이 한학촌 몽환경의 최고봉이다.

목련꽃차가 맛있는 찻집, 후덕당

날개옷 입은 선녀가 반길 듯싶은 찻집 후덕당. 유자차, 모과차, 홍차라떼 등의 계절 메뉴가 한편에 붙은 문을 기대 반, 설렘 반으로 열었다. 기다린 양 반기는 아르바이트 학생의 수더분한 웃음새와 조촐한 찻집 내부가 현실감 있게 정겹다. 등나무로 엮은 둥근 등, 몇 안 되는 탁자, 요모조모 소박한 장식의 아래층에서부터 차 문화 두레체험을 할 수 있는 2층 차실까지 살피는 데는 오래 걸리지 않았다. 선비들의 호연지기에 젖어들겠구나, 중얼거리며 내려오니 매니저가 목련꽃차를 준비해두었다.

오호, 목련꽃차라니…. 찻집에서 흔히 볼 수 없는 목련꽃차가 메뉴에 오른 것만 해도 후덕당은 이미 덕을 베푸는 찻집이다. 녹차, 감잎차, 백련잎차, 겨우살이차, 도라지차, 오미자차 외 몇몇 허브차도 있으나 한학촌의 결

조촐한 후덕당 찻집 내부

정적인 메뉴는 단연 목련꽃차다. 목련꽃은 부활의 꽃이다. 대관절 피어나지 못하리라 여겼던, 추운 겨울을 털고 티 없이 순결한 모습으로 세상의 빛을 전하는 꽃이다. 어디 모양뿐이랴. 꽃차로 마실 때 피어오르는 향은 천상에서나 맡을 수 있는 선향(仙香)이리라. 한 잔에 시름을 덜어내고 새 마음 새 뜻을 불러일으키는 목련꽃차다. 더구나 구하기 쉽지 않은 목련꽃차인데, 찻값도 비싸지 않다. 꽃향에 취해 아련해진 시선을 격자무늬 창 너머로 두다, 눈에 확 들어오는 장면 하나. 맞은편 얕은 구릉 꼭대기, 팔각지붕 종루와 곁에 선 빨간 우체통의 정경이 한학촌 몽환경의 최고봉이다.

'그리우면 편지를 쓰고, 외로우면 차를 마셔라'던 평소 지론이 이곳 한학촌 찻집에서 현실이 될 줄이야. 차를 마시면서 그리운 이에게 편지를 쓰고, 종루에 올라 희망을 담보하는 종을 힘껏 친다. 그리고 보고 싶다, 사랑한다, 꼭꼭 눌러 쓴 엽서를 우체통에 넣으면 박물관에서 부쳐준다

한학촌 맞은편 얕은 구릉 꼭대기의 우체통이 정겹다.

좌식 차실

니…. 조급한 디지털시대에 느린 아날로그의 서정을 '마음먹기 나름'의 스토리로 들려주는, 이 얼마나 기특한 발상인가. 학문이나 지식의 본질은 실현에 있고, 삶의 본질은 마음에 있다. 상아탑의 진리와 스토리텔링의 전통을 세상 속에 실현하는 대구한의대 박물관의 실험은 가상하다. 한의대에서 만든 발효차, 화장품, 수제품들이 전시된 뮤지엄숍과 차와 편지를 스토리로 엮어가는 찻집 체험은 한 마디 말보다 강하다. 세 성현의 가르침이 배인 한학촌과 한학촌 찻집에서 삶의 현학을 스토리텔링으로, 나아가 '마음먹기 나름의 원리'를 깨우치는 체험은 교과서의 지식을 앞선다.

먼 거리에서라도 마음먹고 찾아올 곳이 바로 한학촌이고, 한학촌 찻집이다. 은은하고 담백한 차 한 잔을 앞에 두고, 성현의 '마음먹기' 스토리에 자신의 '마음잡기'를 완곡하게 써 내려간 엽서는 훗날 자신의 히스토리로 남을 게다. '마음먹기 나름'의 시조 원효를 좇아 먼 데서 온 걸음이 흐뭇하다. 어질고 착한 행실로 덕을 쌓으라는 후덕당은 젊은이의 차 한 잔에 마음먹기 나름인 스토리텔링까지 얹어주니 그야말로 덕을 쌓는 찻집이 아닌가.

주소 : 경상북도 경산시 한의대로 1 대구한의대학교 박물관
전화번호 : 053-819-1143

한학촌 후덕당 차림표

차 : 유기농녹차, 감잎차, 백련잎차, 황차, 당귀차, 보이차, 오미자차, 목련꽃차

건강발효차 : 도라지차, 홍삼차, 겨우살이차

허브티 : 재스민, 캐모마일, 루이보스, 페퍼민트

커피 : 에스프레소, 아메리카노, 헤이즐넛, 카푸치노, 카페라떼, 녹차라떼, 홍차라떼, 바닐라라떼, 레몬에이드, 유자에이드

오래된 기억의 찻집

교동다방

실향민들이 모여 사는 섬, 강화도 교동도

열린 창으로 아이들이 재재거리는 소리가 날아들고, 앳된 처녀의 매끈한 종아리에 분홍치마가 사각거리는 봄이 왔다. 깔깔대는 아이의 웃음은 저물어가는 노인의 굽은 등에서 피어난다. 봄은 그렇게 추운 겨울을 딛고 온 것이다. 그러니 희망이 아지랑이처럼 피어오르는 봄이면 걸어온 길을 한번쯤 되돌아볼 일이다.

이왕 봄 길 마중 워밍업으로 실베스터 스탤론의 '록키 발보아(Rocky Balboa)'를 눈요기로 추천한다. "나이가 들어가면 아쉬움이 많아지는 것이 인생이다"라고 록키의 인생 편린이 특유의 허스키에 실린다. "너도 내 나이가 돼 봐" 한때 잘 나가던 왕년의 챔피언은 노년을 깔보듯 우쭐대는 젊은 챔피언에게 승리의 결과보다 과정에 최선을 다하는 당당한 노익장을 과시한다.

나이가 들어가는 것은 사는 맛을 제대로 아는 것이다. 살아가는 일에 대하여, 인생에 대하여 한 마디 정의를 나도 모르게 내뱉듯 던져지는 일이 좋다. 사람들은 봄이면 매화나 산수유가 피어나는 남녘으로 몰리지만 때로는 봄이 건너온 길을 뒷걸음질 쳐보는 것 또한 살맛나는 일이다. 나

교동도 가는 바닷길에서 만난 새우깡에 자맥질하는 갈매기떼

이가 든다는 것은 늙는 것이 아니다. 세월의 이치를 알고, 거슬러 되돌아
갈 줄도 아는 지혜를 깨닫는 것이다.

　강화도 창후리 황복마을에서 교동도로 건너는 바닷길에 봄이 내리고
있다. 물때가 지나 바로 건너기에는 바닷길이 너무 얕았다. 남쪽 석모도
를 돌아올라 4, 50분 걸리는 뱃길이다. 새우깡에 길들인 갈매기의 날개 짓
에도 봄기운이 가득하다. 그러나 바닷바람의 봄 시샘은 대단했다. 오는
봄에 아랑곳없는 대합실에는 석유난로 하나로 온기를 끌어안은 노인들
몇이 시간을 따르고 있다. 관절염 치료 받으러 이른 아침 서울 갔다가 돌
아오는 박 씨 할아버지가 말을 건넸다. 교동면 아줌니는 빤히 아는데 어
디서 왔느냐고, 맞은편 김씨, 저기 장의사 하는 이 모두 서울 병원 댕겨
오는 길이고, 아들의 일터가 삼성동에 있다며 내 연고지까지 궁금해 하는

할아버지다. 부부를 내외하는 할머니는 건너편에서 밀린 잠에 빠져 있다.

이북 땅이 가까운 강화도 북단의 섬 교동도에 내렸다. 대부분 집에 차나 오토바이가 있어 택시도 공용버스도 없는 교동면은 두 대의 마을버스가 유일한 공공 운송수단이었다. 걸어서도 넉넉히 한 바퀴 돌 수 있으리라, 어림짐작은 한참 어긋났다. 마냥 길고 너른 논길을 따라 걷는 교동도 길은 막막하고, 시간 가늠도 되질 않는다. 번화한 도시에서 바삐 돌아가던 시곗바늘이 여기선 정지된 듯 교동도를 걷고 걸어도 그 자리다.

이윽고 대룡리에 닿았다. 저 바다 너머가 두고 온 고향땅인데, 이제나 저제나 곧 가겠지, 하고 기다려온 세월이 황혼녘에 멈춘 실향민들의 마을이다. 대룡리는 아무데고 차를 세워둘 만큼 땅은 넓지만 골목길은 한 사

실향민들의 고향인 대룡리 골목길 풍경

대룡리 골목길

람 비켜나기에도 좁다. 금방 돌아갈 것으로 믿었던 귀향의 바람은 우선 살기에 족한 집을 세웠고, 세간살이 분주하게 옮겨들 일 없으니 한 사람 겨우 비집고 다닐 좁은 골목길이라도 충분했다. 골목길로 넘나들던 바람의 세월도 60년을 넘었다. 대룡리 사람들은 골목에 맞춘 듯 뚱뚱하지도 높다랗지도 않다. 골목길 폭만큼 한 몸집에, 지붕 높이만큼 한 키다. 분수에 맞춘 사람들이 사는 골목길이다. 땅주인이 다르고 건물 주인이 다른 길이다. 꼬불꼬불 골목길을 돌다보니 대룡장의사에 맞닥뜨렸다. 서성이던 배 대합실에서 이미 낯을 익힌 장의사 집 아저씨는 그새 반갑다고 교동다방으로 손을 이끌었다.

대룡리 골목길의 식품 가게

대룡리 골목길의 미용실

대룡리 골목길의 호프집

대룡리 골목길의 행복집

70년대 옛날식 다방, 교동다방

'교동다방'.

그야말로 옛날식 다방이다. 새빨간 립스틱에 나름대로 멋을 부린 마담과 꼬다 문 담배연기 사이로 실없는 농담을 던지는 손님이 짙은 색소폰 소리에 앉아 있을 것만 같은 유행가 속의 다방. 고개를 숙이고 짙은 초록 문 안으로 들어섰다. 식당은 맛으로 찾지만 찻집은 주인을 보고 찾아드니 마담부터 살피게 된다. 늙수레한 아저씨 옆에 '옛날식 다방의 마담'이 앉아 있다. 부침이라도 하는 날이면 식기 전에 먹어보라던 우리 집 아래층 아주머니같이 후덕하다. 그러고 보니 장의사 집 아저씨가 대합실에서 '전 마담'을 말했다. 화장기 없는 전 마담은 교동도에서 제일 오래된 다방의 안주인이다.

교동다방 내부

섬에 다방이 다섯이나 있었는데, 이제는 셋만 남았다. 골목길을 돌아날 때 궁전다방, 제일다방의 대문에 널이 가로지른 것을 보면 교동다방의 인심만 못했음이리라. 10년 전 전 마담이 여기로 오기 전에 주인 마담이 여러 번 바뀌었단다. 이젠 새빨간 립스틱의 미스 리를 보려고 찾아오는 손님은 없다. 전 마담이 손님의 이야기를 들어주고 차 배달도 간다.

휴게업 강화지부가 만든 차림표에는 녹차부터 쌍화탕까지 세상의 온갖 차가 메뉴로 한 상이다. 교동다방의 손님은 2천 원짜리 커피를 좋아한다. 안마기가 딸린 특별석의 아저씨는 쌀을 나르다 점심 먹고 커피 한 잔 하러 들렀다. 마담을 얼싸안는 농담조차 편한 아저씨와 아저씨를 찾아오는 동네 아주머니는 모두 전 마담의 오빠, 언니들이었다. 새빨간 립스틱에 나름대로 멋을 부릴 필요가 없는 교동다방 마담이다.

인삼차와 쌍화차는 찻값이 5천 원이나 되는 스페셜 메뉴다. 전 마담은 인삼차에 강화인삼을 쓰는데, 수지가 맞지 않을 때는 금산 것을 쓴단다. 태풍이 잦다 보니 교동도 농산물은 모든 게 다 맛있다. 교동사람은 교동 것만 고집한다. 그래서인지 쌉싸래한 인삼차가 부드럽고 독특한 감칠맛이다.

계란 노른자를 띄운 쌍화차가 얼마만인지…. 교동도 토종닭이 낳은 계

강화인삼차

교동다방의 스페셜 메뉴인 쌍화탕

란에 알이 굵은 교동도산 땅콩, 교동도산 대추, 참깨가 수북하다. 속이 뜨끈해지는 이 보약은 다방을 전전하던 아가씨들이 제조법을 가르쳐준 구전의 비법이다. 단것을 좋아하는 농부를 위해 혀끝이 아리도록 단맛에 둥그레 뜬 계란 노른자가 비릿하다. 쌍화차 한 잔으로 오싹한 한기가 달아나고, 쇠약했던 기운이 다시 불끈 솟는 효험을 보았을 것이다. 버젓한 주메뉴가 된 약차, 쌍화차이다.

그런데 쌍화차는 쌍화탕으로 불러야 한다. 조선 후기의 실학자로 차를 중흥한 다산 정약용은 우리나라 차의 호칭을 처음으로 거론했다. 찻잎이 아닌 재료로 만든 음료는 '탕'으로, 대추차는 대추탕, 생강차는 생강탕, 보리차도 보리탕으로 부르라 했다. 차 공부 입문자들은 '차'와 '차' 자가 붙은 대용음료 구분에 헷갈려 한다. 그러나 커피나 코코아처럼 이름이 따로 정해지지 않은 한, 모든 음료의 재료 끝에 '차' 자를 붙이는 게 지금의 관습이 아닌가. 음료 하나에도 자신의 기호와 인식을 애써 강조하는 바다 건너 뭍의 세상이다. 그렇지만 교동도 교동다방에는 쌍화차든 쌍화탕이든 그리 중요하지 않다. 그저 맛있고 기운 담뿍하면 그만이니.

전 마담은 커피 세 잔을 배달하러 쪽문을 나섰다. 머물고 있는 손님은 그대로 머물다 가고, 찾아오는 손님은 기다렸다 차를 마시면 된다. 마담이 없어도 교동다방의 문은 열려 있다. 골목길 끝의 공동화장실에도 그들의 인심이 보인다. 바쁠 일 없고 잰 걸음 없는 교동도 사람들이다. 초록문 옆 텔레비전으로 방송되는 배 도는 시간표에 창후리행 막배 시간이 다 되었다.

19세 미만은 출입금지하는 술집 '행복집', 죽음은 곧 삶의 연장임을 알리는 '대룡장의사', 오래된 나무 약장이 얌전한 '동산약방'. 가죽 띠에 면도날을 세우는 '교동이발관' 골목길은 더디었다. 60여 년 전 그대로 머문 골목길. 자전거 탄 아이의 막대사탕과 뒷짐 진 할미의 굽은 등이 대룡리의 시간 여행이다.

'여기도 오래 되면 거기가 될 것이야'. 아내 아드리안의 무덤 앞에서 쓸쓸히 내뱉던 록키의 쉰 목소리가 교동도를 떠나는 뱃길을 따랐다. 돌아가는 뱃길은 마침 물때가 되어 10여 분 만에 뭍에 닿았다. 새것은 오래된 것을 딛고 일어나듯이 새봄도 겨울을 딛고 왔다.

주소 : 인천광역시 강화군 교동면 대룡리 11-43
전화번호 : 032-930-4500

교동다방 차림표

아픈 청춘을 토닥이는 찻집

다향만당

茶　香　滿　堂

관악산 아래 큰 읍성, 서울대학교

대학 안에 찻집이 있는 곳 // 수능시험이 / 얼마 남지 않았습니다. // 적어도 대한민국에서 / 입시생 당사자나 부모라면 / 한 번 쯤은 떠올려 봤을 대학이 있을 겁니다. // 바로 서울대학교입니다. // 에디터는 이제까지 살면서 / 이 학교를 목표하거나 선망한 적은 언감생심 없었습니다. / 주제를 알았으니까요. 그럼에도 이 학교를 아주 좋아합니다. // 왜냐고요? // 학교 안에 / '다향만당(茶香滿堂)' 찻집이 있기 때문입니다. // 예전에 '다도'를 통해 / 소개된 적도 있는 곳인데 / 입시철만 되면 문득문득 이곳이 생각납니다. // 청소년을 둔 부모라면 / 한 번쯤은 꼭 이곳에서 자녀와 함께 차를 마셔보시길 권합니다.

월간 〈다도〉에 실렸던 '에디터의 편견'이다. 편집자는 우리나라에서 이른바, 제일 잘 나가는 대학을 찻집이 있어 좋아한다고, 서울대에 대한 편견을 다소 까칠하게 털어놓았다. 에디터의 말대로 대학 캠퍼스 안에 찻집은 생경하다.

"우리 학교에 찻집이 있었다고?" 학교 안에 찻집이 있었다는 사실조차 모르고 졸업하는 서울대학교 학생들도 적잖다. 그만큼 서울대학교는

두레문예관 2층에 다향만당이 자리 잡고 있다.

관악산 아래 큰 읍성이다. 그런가 하면 학내에 찻집이 있다는 소문에도 범접하지 못할 만큼 고답적이거나, 특별한 사람만 초대받아 입장할 수 있을 것이라는 서울대학교 '학생의 편견'도 적지 않다.

때깔 좋은 문명은 더디 올 것 같은, 아니 더디 오기를 바라는, 더디 와야만 하는 학문의 전당에서조차 목 좋은 자리에 커피하우스가 들어서는 오늘이다. 어디 그뿐이랴. 대학의 주인공들도 한 손에 책, 다른 한 손에는 테이크아웃 커피를 든 풍경이 익숙한 지금의 캠퍼스가 아닌가.

서울대학교도 예외가 아니다. 관악산을 덮다시피 들어찬 건물마다 로비 중앙에 번듯한 카페가 학생들의 발길을 붙든다. 더구나 늘어선 줄이 금세 줄어드는 '빨리빨리' 맞춤형 커피는 조급증을 부추기지도 않는다.

오래 기다리지 않아도, 만들기도 간단한 커피는 학내 캠퍼스까지 장악한 국민의 중흥 음료가 되고 있다. 현대인의 필수 음료가 되어버린 커피를 '언감생심' 시샘하자는 게 아니다. 악마의 유혹이란 시적 언어를 내걸고 인류의 역사를 흔들어 온 커피는 패스트, 인스턴트, 그리고 즉흥이 범람하는 이 시대에 더욱 우뚝하다.

그런데 커피가 이성을 대변하는 음료라 할지라도 막다른 길에 내몰린 청춘을 달래기에는 힘이 달린다. '아프니까 청춘'인 젊은 그들이 '천 번은 흔들려야 어른이 된다'고 스스로 쥐어박는, 청춘 상실의 시대다. 이렇게 홀로 견디기 어려운 때 동행할 벗을 차 한잔으로 권한다. 한방에 쏘는 유혹은 한방에 무너지기도 쉽다. 온몸의 감각을 깨워야 맛과 향을 넘볼 수 있는 차는 은근한 힘을 길러내는 수행의 음료다. 옅은 초록은 순연한 시각을 되살리고, 은은한 향은 아픈 청춘의 어깨를 토닥이며, 아련한 감칠맛으로 쓴맛 나는 세상을 치유하는 벗이다. 그런 차 한잔을 통해 아픈 청춘이 자신을 찾아가는 현장이 바로 학내 찻집이다.

지식보다 지혜를, 이성보다 사유를, 번민에 치유를, 그리고 막힌 출구에 날개를 다는 일은 차 한잔에 답이 있다. 떫고 시어빠진 인생이 시나브로 달게 감쳐드는 희망으로 은근히 변해가는 자신을 볼 수 있다는 것이다. 그런데 한 방에 답을 얻기를 기대하지는 마라. 차란 감각의 유혹을 들여다보며 자신을 사려 깊게 바라보는 동행이다. 그리고 쉬어가는 자신을 찻잔에서 대면하는 아주 느린 작업이다. 이제 아프고 흔들리고 때로는 미치도록 격한 청춘은 대학 찻집의 메카, 다향만당(茶香滿堂)에 가자.

대학 찻집의 메카, 다향만당

유럽 최초의 커피하우스는 1645년 이탈리아 베네치아에서 문을 열었다고도 하고, 1650년 영국 학도(學都) 옥스퍼드에서 처음 싹텄다고도 한다. 커피 마니아들은 옥스퍼드 대학생들 사이에 퍼져나간 에피소드에 더 큰 신뢰를 두어 옥스퍼드 원조설에 무게를 둔다. 유럽의 커피하우스 기원을 옥스퍼드에 둔다면, 우리나라 대학 찻집의 메카는 단연 '다향만당'이다.

청춘의 꿈 마냥 대학 내에 시도되었던 찻집들이 언제 문을 닫은 줄조차 모르게 사라진 주변의 현실이다. 학내 공모로 지어진 이름 '다향만당'은 2000년 9월에 문을 열어 지금까지 불의 기운이 센 관악을 물로 토닥이며,

다향만당 차실

다향만당 내부에서 바라본 관악산의 가을

청춘의 희로애락을 묵묵히 받아왔으니 가히 우리나라 대학 찻집의 메카
라고 해도 지나치지 않을 것이다. 우리나라에서 생산되는 녹차의 온갖 종
류로 시작한 메뉴는 차츰 학생들의 입맛에 맞는 차림으로 바꾸어갔다. 세
작, 중작, 황차, 말차 등 차림표도 특성을 살린 은향, 연향, 순향, 설향, 설
유향 등으로 개명되었고, 녹차 외의 대용차류의 풍미는 학생들의 엄지를
치켜세운다.

　옥스퍼드 커피하우스에서 대학생들의 문화가 싹 트고, 그들의 문화가
정치와 경제 등 유럽의 토대를 이루었다. 옥스퍼드 커피하우스가 그랬듯
이 내학 찻집의 메카 다향만당은 우리나라 번성의 뒤안일 것이다. 14년간
이어지는 다도 특강을 통해 차 한잔의 인문학과 자연과학의 통합을, 차
우리기 예절로 몸가짐 마음가짐을 고양시킨 젊은 그들의 지평은 곳곳에

서 미래를 짊어지지 않겠는가. 이성에 감성의 숨을 고르며, 격식 갖춘 다례에서 진정한 소요를 누렸고, 홀로에서 여럿이 함께 가는 사려와 고유사상인 풍류까지 오감으로 받아들이는, 이른바 통합문화의 장이 다향만당이다. 무엇보다 흔들리고 아픈 청춘이 스스로 치유하고, 머리에서 가슴으로 흘러내리는 이야기를 품는 데가 다향만당이다.

다향만당 내부에서 바라본 관악산의 봄

다향만당에서는 국악 공연이나 다례 시연을 통해 외국 유학생에게 우리 문화를 알리고 있다.

주전자 부리에 맺힌 찻물 방울에 넘어가던 햇살이 비껴들자 자신도 모르게 눈물방울 툭 떨어뜨렸다는 동근, 눈 쌓인 우산을 털고 성큼 들어와 차 한잔에 미래를 넘겨짚던 기봉. 세 살배기 차나무 꽃에 연신 바람머리 기울이며 차에 빠져들던 가드너 장훈, 여린 찻잎 재재거리는 남도 차밭 나들이의 맏형 유선, 어스름 하늘가에 방석 내다 털고 대추차 긁어먹던 소리의 말간 웃음들은 10여 년 간 맞은편 산자락에 걸려 있다. 그리고 외국인 학생의 다례 시연에 가야금 달빛 선율을 들려주던 영주, 자신을 누일 수 있는 학내 찻집 발견에 스스로 대견해하던 혜준, 차 한잔에서 찾아낸 삶의 가치를 리포트로 발표하고 급기야 전공까지 바꾼 우철, 차의 문학에 흠씬 빠져들던 신 교수 현웅, 차로 맺은 사람은 차처럼 변치 않아 하하거릴 수 있다는 현제, 고등학생 시절에 이미 다향만당 뉴스를 스크랩

했던 용재, 느긋한 여유에 뜨거운 열정마저 누리던 예모, 기악과 조교를 하면서 다도 특강 삼수를 거친 성현, 경준, 원혜, 우미, 재열, 태호…. 수많은 이름을 부르지 못하지만 다향만당을 졸업한 젊은 그대들은 사람의 이야기가 차 한 잔에 품어 있음을 안다. 경쟁으로 치닫는 청춘에게 희망과 쉼과 나눔의 의미를 차 한 잔에서 찾아내던 그들은 졸업 후에도 다향만당이 인생의 안식처로 그림자처럼 따른단다. 이들 젊은 그대들의 이야기가 아픈 청춘을 담대한 희망으로 이끄는 찻집 다향만당의 역사다. 그래서 희열의 눈물이 찻잔에 떨어지는 다향만당은 젊은 그대들의 성지라 하겠다.

말머리 '에디터의 편견'을 패러디하자.

대학 안에 찻집이 있는 곳 // 해가 바뀌었습니다. // 한 해의 머리에 서서 / 꿈을 품고 싶을 때 / 한 번 쯤은 가볼 때가 있습니다. // 바로 서울대학교입니다. // 왜냐고요? // 서울대학교가 우리나라 최고의 대학이라서가 아닙니다. // 학교 안에 / 찻집 '다향만당'이 있기 때문입니다. // '다향만당'은 차향만 가득한 찻집이 아닙니다. / 아픈 청춘이, 흔들리던 청춘이 / 꿈을 키우고 다시 힘찬 발자국을 내딛는 곳이기 때문입니다. // 미래의 청년, 오래된 청년 그리고 지금 아픈 청년이라면 / 한 번쯤은 꼭 이곳에서 그대의 꿈을 만나 보시기를 권합니다. / 그대의 꿈이 얼마나 높고 푸른지 아실 것입니다. / 그리고 뛰어난 맛에 가격도 학생들 주머니에 맞춰 저렴합니다. / 창문마다 화폭으로 내걸린 관악산이 맑은 기운마저 듬뿍 얹어주니 / 이렇게 특별한 차를 어디서 마실 수 있을까요. / 그러니 다향만당에 오시어 차 한잔 할 까닭이 되지 않겠습니까.

주소 : 서울시 관악구 관악로 1 서울대학교 두레문예관 2층
전화번호 : 02-880-6244

다향만당의 차밭 나들이 행사

다향만당에서는 매년 차밭 나들이를 통해 차에 대한 이해를 넓히고 있다.

남원 매월당에서 제다 실습을 마친 서울대학교 학생들